ОКСАНА СТАЗИ

ЖИЛ-БЫЛ СЕРЁЖА

МАЛЫШ ПОДРОС

Книга 3 • Часть I

БИЛИНГВА

УДК 373.03
ББК 74.924
С76

Одобрено Экспертным советом Министерства образования и науки РФ ФГРАУ ФИРО по образованию и социализации детей для использования в системе дополнительного образования.

«Жил-был Серёжа. Книга 3. Часть I. Малыш подрос» соответствует психолого-педагогическим критериям.
Одобрено МОО «Экспертиза для детей».
Первая категория соответствия со знаком «Серебряного солнышка».

Стази О.

С76 Жил-был Серёжа. Малыш подрос. В 3 кн. Кн. 3. Ч. I : [сб. рассказов : для чтения родителями детям от 4 лет] / О. Стази. — М. : ИЗДАТЕЛЬСТВО БИЛИНГВА, 2020. — 88 с. : ил.

ISBN 978-5-906875-24-2 (общ.)
ISBN 978-5-906875-27-3 (кн. 3, ч. I)

Эта книга — сборник рассказов, написанных психологом, учителем начальных классов, главный герой которых — мальчик Серёжа.

Истории о Серёже способствуют социализации ребёнка. Они учат задумываться над ситуациями и выражать свои чувства в адекватных формах поведения. Рассказы подчёркивают ценность семейных отношений, передают читателям с печатных страниц тёплую и уютную семейную атмосферу, где родители любят друг друга и своих детей, а неприятности лишь сплачивают их и служат стимулом к тому, чтобы поддерживать друг друга.

Для чтения родителями детям 4–5 лет.

Литературно-художественное издание

Книга для чтения родителями детям

Стази Оксана

ЖИЛ-БЫЛ СЕРЁЖА

МАЛЫШ ПОДРОС

Книга 3 • Часть I

Подписано в печать 12.12.2019. Формат 60×90⅛. Объём 11 п. л.
Гарнитура медиевальная. Бумага офсетная. Печать офсетная. Тираж 1000 экз. Заказ 148596/01

www.bilingva.ru

Отпечатано в «Т8 Издательские Технологии»
109548, Москва, Волгоградский проспект, д. 42, корп. 5, ком. 6
Тел.: 8 (499) 322-38-30, 8 (499) 322-38-32
www.t8print.ru

© Стази О.Ю., 2015
© Стази О. Ю., 2016, с изменениями
© Бабок Е.П., иллюстрации, 2014
© ИЗДАТЕЛЬСТВО БИЛИНГВА, 2020

ISBN 978-5-906875-24-2 (общ.)
ISBN 978-5-906875-27-3 (кн. 3, ч. I)

Привет!

Серёжа приглашает тебя прочитать эту книгу.
За время, пока вы не виделись, Серёжа подрос
и научился многим важным вещам.
Вместе с Серёжей ты узнаешь много интересного.
Приятного чтения!

КАК СЕРЁЖА НЕ БУДИЛ ПАПУ И МАМУ

Наступило воскресное утро. Как только Серёжа проснулся, сразу побежал в комнату к папе и маме. Но оказалось, что они ещё спят. Воскресенье — выходной, папе и маме не нужно рано вставать на работу, вот они и спят. Серёжа вспомнил, как совсем недавно ему не хотелось просыпаться и вылезать из-под тёплого одеяла. Он подумал: может быть, папе и маме тоже не хочется вставать. Тогда Серёжа не стал кричать: «Мама! Папа! Вставайте, уже утро!» Нет, Серёжа никого не будил. Он тихонько вернулся в свою комнату и занялся игрушками.

Через некоторое время папа и мама проснулись и заглянули к Серёже.

— Доброе утро, сынок!

— Доброе утро! — обрадовался Серёжа. — Наконец-то вы проснулись! Я вас так ждал! Мама, давай скорее завтракать! Папа, пойдём на улицу играть в футбол! — просит Серёжа.

— Хорошо, — соглашаются папа и мама.

— Молодец, что не разбудил, мы с папой выспались, — говорит мама. — Теперь у нас много сил и хорошее настроение. Сейчас позавтракаем и пойдём в парк.

— Ура! — радуется Серёжа.

Как хорошо, что он не стал будить маму и папу рано утром! Ведь тот, кто хорошо поспал, — бодрый и радостный. А Серёжа очень хочет, чтобы у папы с мамой хватило сил и на парк, и на игру в футбол, и на чтение книжки, и на другие развлечения!

КАК СЕРЁЖА ПОБЕДИЛ СТРАХ

Серёжа с мамой гуляли в парке и увидели, как воробышек выпал из гнезда. Это был птенец. Он ещё не умел летать, а только прыгал в траве и жалобно чирикал. Его заметила собака и кинулась к нему. Наверное, хотела обнюхать и поиграть с ним. Воробышек испугался. Собака попыталась поймать его зубами и подмять под себя лапами. Зубы у неё острые, лапы тяжёлые. Нарочно или нечаянно, но собака могла ранить птенца. Тут, откуда ни возьмись, вылетела воробьиха! Растопырила крылья и, громко чирикая, пошла прямо на собаку, закрывая собой птенца. В этот момент и хозяин собаки подоспел, схватил её за поводок и увёл. Мама и Серёжа остались наблюдать за воробьями. Их собралась целая стая. Они громко щебетали, прыгая вокруг птенца.

— Что они делают? — спрашивает Серёжа.

— Они прилетели на помощь, подняли шум, чтобы прогнать собаку. Оберегают маленького воробышка, — объясняет мама.

— Они заберут его обратно в гнездо? — интересуется Серёжа.

— Обязательно заберут, — подтверждает мама. — Они научат его летать и покажут дорогу к гнезду.

— У этого воробышка смелая мама, — говорит Серёжа. — А ты, мамочка, защитила бы меня? — спрашивает он.

— Конечно, защитила бы! Пусть только попробует кто-нибудь тебя обидеть! — говорит мама и обнимает своего сыночка.

— И я бы тебя защитил! — восклицает Серёжа. — А ты не испугалась бы большой собаки или хулигана? — спрашивает он.

— Наверное, испугалась бы, — отвечает мама. — Но всё равно я бы тебя защитила. Я же тебя люблю, как я могу отдать тебя собаке или хулигану?

— А разве воробьиха испугалась собаки? — удивляется Серёжа.

— Конечно! Очень испугалась, — подтверждает мама. — Воробьиха маленькая, а собака большая, и зубы у неё острые.

— А я думал, воробьиха смелая и ничего не боится, — вздыхает Серёжа.

— Ты думаешь, что быть смелым — значит ничего не бояться? А я думаю, что смелые тоже могут испугаться, но они умеют победить свой страх и всё равно заступаются, сражаются, спасают и помогают, — говорит мама. — Воробьиха смелая. Как бы ей ни было страшно, она всё равно закрыла собой воробышка. Готова была погибнуть от зубов собаки, лишь бы спасти своего птенца, — объясняет мама.

— А я думал, смелый тот, кто вообще ничего не боится, — говорит Серёжа. — А как же парашютисты? Неужели они тоже боятся прыгать с парашютом?

— Тот, кто прыгает в первый раз, боится, ну, или сильно волнуется, — отвечает мама. — Со временем привыкает, обучается всё делать правильно, и страх или волнение пропадают.

— Хорошо быть смелым! — говорит Серёжа. — Но я, наверное, не смелый. Потому что боюсь, когда в моей комнате темно.

— И что ты делаешь, когда боишься? — спрашивает мама.

— Я встаю с кровати, быстро подбегаю к настольной лампе и включаю. Смотрю — а в комнате никого чужого нет! Тогда мне уже не страшно, я выключаю свет и ложусь обратно в кровать. И всё, больше не боюсь!

— Ты тоже смелый, Серёжа! Ведь ты не плачешь, не кричишь, не зовёшь на помощь, а сам знаешь, что нужно делать. Ты смелый, потому что побеждаешь свой страх, — говорит мама.

— Значит, смелый человек — это не тот, кто ничего не боится, а тот, кто умеет прогнать свой страх? — спрашивает Серёжа.

— Да, — подтверждает мама. — Если ты умеешь справиться со своим страхом — значит, ты смелый!

КТО ТАКИЕ МИКРОБЫ

Утром Серёжа проснулся и почувствовал, что в горле першит. Он хотел что-то сказать, но закашлялся, а потом вдруг чихнул.

— Ты, наверное, заболел, сейчас измерим температуру, — говорит мама и ставит Серёже под мышку градусник.

— У меня горлышко болит, — жалуется Серёжа.

— Нужно вызвать врача, — отвечает мама и звонит в поликлинику. Потом смотрит на градусник и видит, что у Серёжи высокая температура.

— Сегодня ты не пойдёшь в садик, — говорит мама. — Надо остаться дома и лечиться.

Папа сочувствует Серёже. Он обнимает его за плечи и обещает позвонить с работы, чтобы узнать, как Серёжа себя чувствует. Затем прощается и уходит.

Серёжа расстроен. Ему так хотелось в садик. Ведь там весело: можно бегать, смеяться, играть! Правда, сейчас ему не хочется веселиться: играть — настроения нет, разговаривать — горлышку больно.

— Мама, а почему я заболел? — спрашивает Серёжа.

— Потому что в твоём организме поселились микробы, — отвечает мама.

— А кто такие микробы? — интересуется Серёжа.

— Это очень-очень маленькие существа, — объясняет мама. — Настолько малюсенькие, что их нельзя увидеть глазами, только в микроскоп. Они поселились в твоём организме и вызвали болезнь.

— Что же делать? Как прогнать микробов? — волнуется Серёжа.

— Чтобы их прогнать, нужно лечить горлышко и носик, пить лекарство, назначенное врачом, — советует мама.

— А как лекарство прогонит микробов?

— В лекарстве находятся вещества, от которых микробы погибают. Давай назовём их солдатиками, — предлагает мама. — Только это не настоящие солдаты, а вещества-солдатики, нападающие на микробов. Ты проглотишь лекарство, оно попадёт в твою кровь и вместе с ней разнесётся по всему организму. Куда бы микробы ни спрятались, вещества-солдатики везде их найдут и уничтожат, — объясняет мама.

— А еще в твоей крови всегда живут солдатики-защитники, которые называются «лейкоциты». Они защищают нас от микробов, и эта защита называется «иммунитет». У каждого человека есть иммунитет. Например, попадёт какой-нибудь микроб в организм, а солдатики-защитники тут как тут! Нападут на него и уничтожат. Но бывает так, что в организм попадают очень сильные микробы, и иммунитет не может справиться с ними. Тогда ему нужна дополнительная помощь — лекарство, которое погубит микробов.

— А откуда берутся микробы? — спрашивает Серёжа.

— Они есть повсюду: в воздухе, в воде, на полу, на улице и даже на руках, под ногтями, хотя мы их и не видим. Но наш иммунитет не пропускает микробы в организм, — говорит мама. — И мы должны ему помогать, защищать себя от микробов. Например, мыть руки с мылом, особенно перед тем, как сесть за стол. Если немытыми руками взять хлеб или печенье, микробы вместе с едой попадут в рот. И тогда заболит живот, поднимется температура, станет плохо.

— А как микробы попали ко мне?

— Скорее всего, по воздуху. Если больной кашляет или чихает рядом со здоровым человеком, то здоровый может заразиться. Понимаешь теперь, почему нужно прикрывать рот рукой, когда кашляешь? — спрашивает мама.

Серёжа закашлялся, но успел прикрыть рот рукой, чтобы не заразить маму.

— Значит, Андрюше нельзя сегодня прийти ко мне в гости? — спрашивает он.

— Если ты не хочешь, чтобы твой друг заболел, нельзя. Тот, кто простудился, никуда не ходит и никого не приглашает к себе, он сидит дома и лечится. Это называется «карантин», — объясняет мама.

Серёжа расстроился. Он не любит болеть, ему нравится ходить в детский сад, играть во дворе и приглашать друзей в гости.

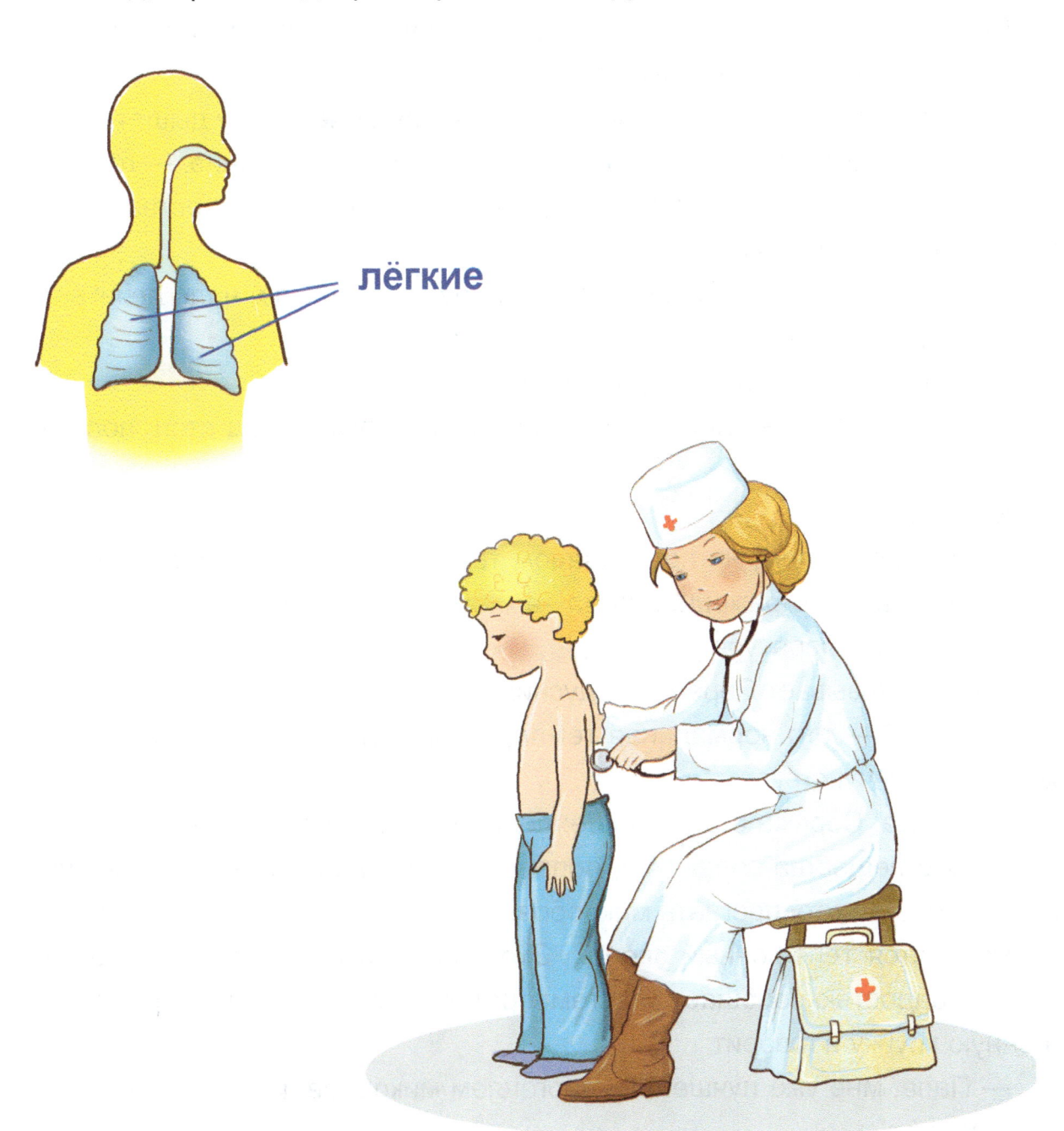

лёгкие

— Не расстраивайся! — просит мама. — Я помогу тебе победить микробов, и ты скоро поправишься.

А вот и пришла врач! Она заглянула Серёже в горло и сказала, что оно красное, потому и болит. Взяла фонендоскоп и послушала, как Серёжа дышит.

— Дыши глубоко! Теперь не дыши! — просит врач.

— А что вы там слышите? — спрашивает Серёжа.

— С помощью этого фонендоскопа я могу определить, попали ли микробы в твои лёгкие.

Врач показывает Серёже, где у него находятся лёгкие, и объясняет, что с их помощью Серёжа дышит.

— Если микробы попали в лёгкие, они мешают человеку дышать. Тогда его дыхание становится хриплым. У тебя хорошее дыхание, — говорит врач и выписывает Серёже рецепт. Там указано, какие лекарства нужно пить, чтобы вылечить горло.

Серёжа не любит пить лекарство, но деваться некуда, надо лечиться!

И вот мама снова даёт Серёже градусник.

— Температура упала! — радуется она.

— Куда упала? — удивляется Серёжа, заглядывая под стол, под диван.

Мама смеётся.

— Ни под столом, ни под диваном ты не найдёшь температуру, Серёжа! Это такое выражение: когда температура тела понижается, люди говорят, что температура упала.

Мама показывает Серёже градусник:

— 36 и 6 — это нормальная температура тела, при которой человек хорошо себя чувствует.

И правда, Серёже стало лучше: поднялось настроение, появился аппетит. Это вещества-солдатики, попавшие с лекарством в организм, помогают иммунитету прогнать микробов.

Раздаётся телефонный звонок. Это папа. Он волнуется за Серёжу. Мама с радостью сообщает, что температура упала. Серёжа берёт телефонную трубку и говорит:

— Папа, мне уже лучше. Мы прогоняем микробов, и скоро я буду совсем здоров!

МАМА ЗАБОЛЕЛА

Сначала болел Серёжа, мама его лечила-лечила, заразилась и тоже заболела. Видно, микробы сильными оказались, и мамин иммунитет не справился с ними.

Серёжа выздоровел. Он снова полон сил, и у него хорошее настроение. А мама лежит в постели. Она кашляет, у неё болят горло и голова. Папа ухаживает за мамой. Он принёс ей в комнату чай с малиной. Горячий чай согревает горло и помогает чувствовать себя лучше.

Серёжа играет, но ему скучно без мамы.

— Мама, иди сюда! — зовёт он. — Посмотри, как я прыгаю!

— Ш-ш-ш! Серёжа, не беспокой маму, — просит папа. — Она заболела, у неё нет сил встать с постели. Когда болит голова, хочется полежать в тишине. Вспомни, когда ты болел, кто ухаживал за тобой?

— Мама, — отвечает Серёжа.

— А теперь мама заболела, кто же будет за ней ухаживать? Я и ты! Мы должны помочь маме выздороветь. Ведь мы же хотим, чтобы ей было хорошо, правда? — спрашивает папа.

— Конечно, хотим, — соглашается Серёжа.

— Я сходил в аптеку и принёс маме лекарство. Ты тихонько играл, чтобы её не беспокоить. А теперь давай покормим маму: приготовим для неё что-нибудь вкусненькое. Пусть она набирается сил и скорее выздоравливает, — говорит папа.

Серёжа помогает папе приготовить обед. Ну вот и мама проснулась. Папа с Серёжей приносят ей обед на подносе прямо в комнату.

— Мамочка, как ты себя чувствуешь? — спрашивает Серёжа.

— Надеюсь, после того, как поем, станет лучше, — отвечает мама.

Серёжа гордится тем, что помогает маме выздороветь. Он, как папа, ухаживает за мамой: то чай ей принесёт, то градусник подаст, то посуду грязную из её комнаты отнесёт на кухню. Вот он уже какой большой!

Серёжа ушёл в свою комнату и тихонько играет. Не шумит, не кричит. Вдруг мама опять заснула? Пусть спит и набирается сил!

Прошло несколько дней, и мама выздоровела. Снова стала выходить из своей комнаты, играть с Серёжей и гулять с ним во дворе.

СКАЗКА ПРО ФЕЮ СМЕХА

Серёжа всегда был весёлым мальчиком, смеялся так задорно, что папа и мама, бабушка и дедушка, а также друзья тоже невольно улыбались, когда слышали его смех. Но вдруг Серёжа стал реже смеяться. Теперь он часто обижался на окружающих. Папе и маме, бабушке и дедушке, а также его друзьям доставались только упрёки, капризы и хныканье.

Мама забеспокоилась и даже температуру Серёже измерила, подумав, что он заболел. Но температура была нормальной, а вот Серёжа из весёлого и дружелюбного мальчика постепенно превращался в плаксу и нытика.

Однажды, здороваясь с друзьями во дворе, Сережа даже не посмотрел им в глаза и ни разу не улыбнулся. И друзья подумали, что Серёжа перестал с ними дружить. Ведь когда дети дружат, они улыбаются друг другу. Улыбка как бы говорит: «Я тебе рад! Мне нравится с тобой дружить!» Но Серёжа перестал улыбаться, и друзья подумали, что он им больше не рад. Тогда они тоже перестали радоваться Серёже. С тех пор Серёжина жизнь стала скучной. Ведь без друзей, без смеха и улыбок жить и правда скучно!

Мама посмотрела на всё это и сказала:

— Надо бы вызвать к тебе Фею Смеха.

— Фею Смеха? А кто это? — заинтересовался Серёжа.

— Это добрая волшебница, создающая веселье, — объяснила мама. — Она любит устраивать карнавалы и праздники, любит смотреть, как дети радуются и хохочут от счастья. А когда видит капризуль и плакс — расстраивается. И старается показать им, что смеяться полезно, а капризничать и плакать по пустякам — вредно. У Феи Смеха есть Школа Настроения, в которую она забирает нытиков и плакс. Там она учит их делать своё настроение хорошим, отучает жаловаться и хныкать.

— И как же она это делает? — спросил Серёжа.

— Сначала она взмахнёт над ребёнком волшебной палочкой и подарит ему хорошее настроение на целый день. Но обязательно предупредит, что волшебную палочку можно использовать только один раз, а назавтра нужно будет создавать себе настроение без волшебства.

Мальчик или девочка, получив хорошее настроение, часто улыбаются, и окружающие улыбаются им в ответ. Папа с мамой довольны, радуются и друзья. И все дела спорятся. За что ни возьмись — всё получается. Вот что значит хорошее настроение!

Проведя замечательный день в хорошем настроении, капризули и нытики не хотят больше возвращать себе своё плохое и очень стараются удержать хорошее. А для этого всего лишь надо чаще улыбаться и быть приветливым с другими людьми, — объяснила мама.

— А если Фея Смеха заберёт меня в свою Школу Настроения, я буду там без тебя и без папы? — спросил Серёжа.

— Конечно, там ты будешь без нас, но с другими детьми, — ответила мама.

— Тоже с нытиками и плаксами? — уточнил Серёжа.

— Получается, да, — подтвердила мама.

— Тогда я не хочу туда, — запротестовал Серёжа. — Лучше я сам попробую удержать хорошее настроение.

— Отличная идея! — обрадовалась мама. — Постарайся провести в хорошем настроении целый день, а вечером мы обсудим, как прошел день и что нового он тебе принёс.

И вот Серёжа пришёл в детский сад и, здороваясь с воспитательницей, улыбнулся ей. А что же сделала воспитательница? Она улыбнулась Серёже в ответ и сказала:

— Как приятно видеть тебя с улыбкой! У меня сразу настроение поднялось!

Серёжа пошёл играть с другими детьми в группе. Он был приветлив и дружелюбен. Что это значит? Он не забывал улыбаться своим друзьям, а если хотел попросить какую-нибудь игрушку, то смотрел в глаза, говорил спокойно и добавлял слово «пожалуйста». Он и сам делился игрушками с другими ребятами и старался ни на кого не обижаться. Воспитательница даже похвалила Серёжу и сказала детям, чтобы они брали с него пример. Серёжа очень гордился собой!

После детского сада он гулял во дворе и встретил там своих друзей.

— Привет! — сказал Серёжа, посмотрев им в глаза и улыбнувшись.

А что же сделали друзья? Они улыбнулись в ответ и взяли его в свою игру. Серёжа очень весело провел время на улице. А когда вернулся домой, то улыбался папе с мамой. В ответ на их просьбы он не капризничал и не обижался, и папа с мамой радовались такому поведению сына. Папа сказал:

— Странно! Ещё вчера Серёжа был маленьким и капризным ребёнком. Я даже хотел подарить ему на день рождения памперс и пустышку. А сегодня он ведёт себя, как взрослый мальчик. Он приветлив и воспитан. Пожалуй, я не стану дарить ему подарок для малыша, а куплю ему то, что интересно большим детям.

Услышав папины слова, Серёжа обрадовался и сразу стал думать над тем, что бы такое интересное ему хотелось получить в подарок на день рождения.

А вечером перед сном мама спросила:

— Ну что, Серёжа, расскажешь мне, как прошёл день, проведённый в хорошем настроении?

И Серёжа взахлёб стал рассказывать о том, как его хвалила воспитательница в детском саду, как поставила его в пример другим детям, как ему было приятно играть с ребятами в группе и с друзьями во дворе, как здорово было услышать похвалу от папы!

— Мама, я теперь понял, что сам могу хранить своё настроение хорошим. А если оно вдруг испортится, я сам смогу его поднять. Ты не бойся, я не буду ни капризулей, ни нытиком! Я теперь и другим детям покажу, что с хорошим настроением жить лучше, чем с плохим!

— Вот это да! — обрадовалась мама. — Мы с папой гордимся тобой. Я думаю, что и Фея Смеха тоже очень радуется, глядя на тебя со стороны.

— А она разве видит меня? — удивился Серёжа.

— Может и видит, ведь она расстраивается из-за каждого капризного ребёнка. И гордится теми, кто перестал капризничать и обижаться по пустякам, — ответила мама.

— Ну, теперь она не заберёт меня в свою Школу Настроения? — спросил Серёжа и хитро улыбнулся.

— Обязательно заберёт! — ответила мама.

— Как это? — Серёжа растерялся так, что глаза у него округлились и рот сам по себе открылся.

А мама продолжила:

— Только на этот раз Фея Смеха пригласит тебя в свою школу не учеником, а учителем — учить других детей создавать хорошее настроение!

— Ух ты! Здорово! — обрадовался Серёжа и заснул очень счастливым.

А ты, читатель, улыбаешься окружающим людям? Умеешь поднять настроение и себе и другим?

СЕРЁЖА ОБОЗНАЛСЯ

Папа и Серёжа гуляют на улице. Сегодня во дворе нет детей, и Серёже скучно. Вдруг вдалеке Серёжа увидел Сашу.

— Ура! Саша! — обрадовался Серёжа и кинулся к нему со всех ног.

Но Саша стоял к Серёже спиной и не замечал друга.

— Саша, привет! — воскликнул Серёжа, подбежав ближе.

Но Саша не откликнулся на своё имя и даже не оглянулся. Тогда Серёжа дотронулся до его плеча, мальчик повернулся, и оказалось, что это не Саша! Он был такого же роста, его курточка и шапка были похожи на Сашины. Вот почему Серёжа перепутал.

Увидев незнакомое лицо, Серёжа растерялся, а мальчик удивился.

— Я не Саша, — сказал он. — Я Серёжа.

— И я Серёжа, — удивлённо произнёс наш Серёжа.

А папа мальчика сказал:

— Ты, наверное, обознался.

— А что такое «обознался»? — Серёжа не знает это слово.

— Обознаться — значит принять одного человека за другого, — объяснил папа мальчика.

Тут и Серёжин папа подошёл. Он уже догадался, что Серёжа перепутал незнакомого мальчика с Сашей.

— Ничего страшного, — поддержал папа своего сына. — Обознаться может каждый.

Серёжа подружился с мальчиком, у которого было такое же имя, как у него. Ребята вместе играли, им было весело. А когда расстались, по дороге домой Серёжа спросил папу:

— Почему мальчика зовут Серёжа? Ведь это моё имя. Разве бывает два Серёжи?

— Конечно, бывает! — отвечает папа. — Где-то в другом дворе, в другом доме тоже есть мальчики по имени Серёжа. Людей с одинаковыми именами называют «тёзками». Их мамам и папам понравилось одно и то же имя, и они так назвали своих детей.

— Почему им понравилось одно и то же имя? — интересуется Серёжа.

— Потому что у них похожие вкусы. Вот ты, например, любишь шоколад? — спрашивает папа.

— Да, — отвечает Серёжа. — Я очень люблю шоколад!

— И Андрюша любит шоколад, — напоминает папа. — Значит, у вас с Андрюшей похожие вкусы. Так разным людям, незнакомым между собой, может нравиться одно и то же имя, одна и та же еда, одна и та же книжка. Но бывают люди и с разными вкусами. Например, один человек любит чай, а другой предпочитает сок, — объясняет папа.

— А я и не знал, что может быть сразу два Серёжи... А три может быть? — интересуется Серёжа.

— Да, может, — подтверждает папа.

— И четыре Серёжи может быть?

— И четыре, и пять, и даже пятьдесят или сто Серёж одновременно! — говорит папа.

— Ого! — удивляется Серёжа. — Вот бы собрать их всех вместе!

— Это было бы весело! Крикнешь: «Серёжа!» — и все сто Серёж обернутся одновременно и хором ответят: «Что-о-о?»

ОБЕДЕННЫЙ СТОЛ

— Серёжа, иди полдничать! — зовёт мама.

— А что на полдник? — интересуется Серёжа.

— Варёное яйцо, огурчик, хлеб с сыром и чай, — отвечает мама и показывает Серёже его тарелку. Но у Серёжи плохой аппетит и он начинает капризничать:

— Не хочу-у-у есть на кухне, хочу в гостиной, перед телевизором!

— Перед телевизором есть вредно, — отвечает мама. — Ты отвлечёшься и просидишь над тарелкой два часа. Или наоборот, будешь жевать, не замечая, что уже наелся.

— Нет, хочу перед телевизором! — продолжает капризничать Серёжа.

— Гостиная предназначена для отдыха. Чтобы там не мусорить, иди за обеденный стол! — настаивает на своём мама.

И тут Серёжа задумался и спросил:

— Почему стол обеденный? Он что, обиделся? Потому, что я не захотел там есть?

— Нет, стол называется обеденным, потому что за ним обедают, — объясняет мама.

— А когда мы завтракаем, он называется «завтракашный»? А за ужином — «ужиночный»? — спрашивает Серёжа.

Мама смеётся.

— Нет, так не бывает. Говорят — обеденный стол или кухонный.

Отвечая на Серёжины вопросы, мама выложила на кусочек хлеба нарезанный кубиками сыр — будто это окошки, а под хлеб положила разрезанное на две половинки яйцо — будто это колёса. Получился троллейбус. Осталось установить на его крыше порезанный соломкой огурчик, будто это штанги, по которым поступает ток от проводов.

— Смотри, что у нас получилось! — говорит мама, ставя тарелку перед Серёжей.

— Ух ты, троллейбус! — радуется он, хватая одну половинку яйца и огурчик. — Ой, мама, смотри, троллейбус уже исчезает!

Серёжа смеётся. Есть такое блюдо ему весело. И мама рада: наконец-то её сын ест!

Серёжа быстро справился с полдником и весь чай допил.

— М-м-м! Как вкусно! — говорит он.

— Вымой руки и можешь идти в гостиную, — разрешает мама.

— И телевизор можно включить? — спрашивает Серёжа.

— Теперь можно. Посмотришь один мультик и пойдёшь во двор кататься на велосипеде.

— Хорошо, — соглашается Серёжа.

ОНО САМО

Серёжа играл машинкой, слишком надавил на неё, и колесо отвалилось.

— Уже успел сломать машинку? — спрашивает мама.

— Нет, она сама сломалась, — отвечает Серёжа.

После улицы Серёжа мыл руки и так сильно открутил краны с водой, что вода забрызгала всю раковину и даже пол. Мама заметила лужи и спрашивает:

— Серёжа, это ты разлил воду в ванной?

— Нет, она сама разлилась, — отвечает Серёжа.

Потом Серёжа потянулся к полке за книжкой, но книга зацепилась за другие, и всё, что было на полке, рухнуло вниз. Мама услышала шум в Серёжиной комнате и пришла посмотреть, что там случилось.

— Ты уронил книжки? — спрашивает она.

— Нет. Оно само так получилось, — отвечает Серёжа.

Почему Серёжа говорит «оно само», почему не признаётся, что это сделал он? Серёжа боится, что мама будет его ругать. Тогда мама объясняет:

— Серёжа, колесо у машинки не может отвалиться само по себе. Вода в ванной не набрызгает на пол сама, без твоей помощи. И книжки сами не спрыгнут с полки на пол. Это всё сделал ты, но нечаянно, то есть не нарочно. Так бывает у всех: и у взрослых, и у детей. И не бойся сказать, что ты нечаянно уронил книги, нечаянно сломал игрушку или нечаянно разлил воду в ванной. Главное — после этого постараться исправить ситуацию: сломанную машинку отремонтировать, лужу на полу вытереть, упавшие с полки книги положить обратно. Понял?

— Понял, — отвечает Серёжа.

Наступило время полдника. Мама налила Серёже в стакан сок, положила перед ним печенье, а сама вышла из кухни. Возвращается через пять минут, а Серёжа у неё спрашивает:

— Мама, ты не будешь меня ругать? Я нечаянно разлил сок.

Мама видит лужу сока на столе и на полу и мокрую одежду на Серёже.

— Я не буду тебя ругать, — говорит она. — Ты же сделал это нечаянно. Вот если бы ты нарочно разлил сок, тогда бы я тебя ругала. Просто в следующий раз будь аккуратнее, — просит она.

— Хорошо, — отвечает Серёжа и обещает: — Я сам всё вытру и отнесу одежду в стирку.

Мама даёт Серёже тряпку, чтобы вытереть липкие лужи. Он наводит порядок на кухне, а потом снимает с себя мокрую одежду и относит в стирку.

Вот так Серёжа исправил ситуацию!

ВАЖНОЕ ДЕЛО

Мама собирается варить макароны. Она поставила на плиту кастрюлю с водой. Когда вода закипает, в ней появляются пузырьки и идёт пар. Мама разрешила Серёже встать на стульчик и заглянуть в кастрюлю, чтобы увидеть бурлящие пузырьки. Серёжа заметил, что некоторые из них даже выпрыгивают из кастрюли.

— Вода кипит, потому что нагрелась до ста градусов, — объясняет мама. — Такой горячей водой можно обжечься, поэтому обращаться с ней нужно очень осторожно! Отходи, Серёжа, от кастрюли. Посмотрел — и хватит. Запомни: детям надо держаться подальше от кипятка.

Мама бросает в кастрюлю макароны и говорит:

— Теперь огонь на плите нужно уменьшить, иначе вода из кастрюли выльется и потушит его. Огонь потухнет, а газ останется включённым. Это опасно! Газ ядовитый, им можно отравиться! Газ невидимый, поэтому с плитой нужно обращаться очень внимательно: просто так не крутить на ней краники и обязательно выключать газ после приготовления пищи. А пока огонь горит, нужно следить, чтобы он не погас! — объясняет мама. — Поэтому я останусь на кухне, а ты иди поиграй.

Серёжа убежал в свою комнату играть конструктором – он затеял большую стройку. А мама осталась на кухне готовить кушать.

Но вдруг через какое-то время из комнаты донёсся крик Сережи:

— Мама, скорей иди сюда! Я не могу расцепить кубики!

— Подожди, я пока занята, — кричит мама из кухни в ответ.

Но Серёжа продолжает громко звать маму:

— Расцепи-и-и кубики! Иди-и-и скорее!

Решив узнать, в чём дело, мама поспешила к Серёже. Но как только она вошла в его комнату, на кухне что-то зашипело. Ой-ой-ой! Это вода из кастрюли полилась на плиту! Мама хотела броситься на кухню, чтобы поскорее выключить газ, но Серёжа не пропустил её: он стал перед ней, загораживая дорогу и протягивая детали конструктора. Тогда мама выхватила у него детали и бросила в карман своего фартука.

— Оставайся в своей комнате, ты наказан! — строго сказала она и поспешила на кухню.

Там она закрутила краник газа и вытерла вылившуюся из кастрюли воду. А потом вернулась в комнату. Серёжа сидел на кровати, глаза его были красными от слёз.

Мама обняла его и сказала:

— Серёжа, запомни, у взрослых тоже есть свои дела! А ещё есть самые важные дела, которые нужно выполнить в первую очередь! Вот, например, представь, что ты устал и собрался лечь спать, но вдруг заметил, что из-под двери ванной бежит вода. Что ты сделаешь сначала: выспишься или закрутишь кран? — спрашивает мама.

— Закручу кран, — отвечает Серёжа.

— Правильно. Ты хотел сделать одно дело — лечь спать, но тебе пришлось заняться другим — закрутить кран и вытереть воду на полу. Если бы ты пошёл спать, вода залила бы всю квартиру и соседей внизу. Закрыв кран с водой, ты выбрал более важное дело. А теперь смотри, что произошло сегодня. Когда ты просил меня помочь с конструктором, у меня было важное дело — проследить за водой в кастрюле. А когда вода полилась на плиту, самым важным стало срочно выключить газ, иначе могла произойти беда. Но ты мешал мне это сделать, поэтому я на тебя рассердилась. Понимаешь теперь?

Серёжа кивает головой. Раньше он думал, что мама просто не хочет ему помочь расцепить кубики. А теперь он понял, что такое важное дело и за что его наказала мама.

— Я больше так не буду, — обещает он. — Ты на меня всё ещё сердишься?

— Больше не сержусь. Но в следующий раз знай: если я прошу тебя подождать, значит так надо, — говорит мама.

— Ладно, — соглашается Серёжа.

Мама вынимает из кармана фартука детали конструктора и расцепляет их. Теперь Серёжа может продолжать играть в стройку.

КАК ВЕСТИ СЕБЯ ЗА СТОЛОМ

Серёжа обедает. Он набил полный рот и при этом пытается рассказать маме о том, как он играл во дворе.

— Один мачик дал мне фячик поиграть, — говорит Серёжа.

— Что-что? — переспрашивает мама.

— Один мяхик дал мне пяхик, — отвечает Серёжа.

— Ничего не понимаю! Прожуй сначала, потом скажешь, — советует она.

— Ну, мама, посфусай! — требует Серёжа, и из его рта выпадают кусочки еды.

Мама морщится. Ей неприятно видеть, как еда вываливается изо рта.

— Ты испортил мне аппетит: глаза выпучены, щёки раздуты, как у хомяка, что сказал — непонятно, да ещё и еда изо рта вываливается! На это неприятно смотреть, — возмущается мама. — Ну зачем ты кладёшь в рот такой большой кусок? Его сначала надо разрезать ножом, придерживая вилкой. Для чего рядом с твоей тарелкой лежит нож? — спрашивает мама.

Она отодвигает свою тарелку и говорит:

— Ну-ка, давай повторим правила поведения за столом: не клади в рот большие куски; пользуйся ножом и вилкой; нож держи в правой руке, вилку — в левой; не торопись жевать. И не разговаривай с полным ртом — это некрасиво. Да и подавиться так можно. Помнишь поговорки: «когда я ем, я глух и нем» и «когда я кушаю, никого не слушаю», — напоминает мама.

Серёжа проглотил то, что жевал, и говорит:

— Я хотел сказать, что сегодня во дворе один мальчик дал мне мячик и мы вместе играли!

— Вот теперь всё понятно! — радуется мама. К ней вернулся аппетит, потому что теперь Серёжа кушает правильно.

СЕРЁЖА ИДЁТ В БИБЛИОТЕКУ

— Мама, почитай мне, пожалуйста, книжку, — просит Серёжа.

— Какую? Выбери сам, — предлагает мама.

Серёжа подходит к полкам с книгами.

— Эту мы уже читали... и эту читали... и вон ту тоже... Я хочу что-нибудь новое, интересное, — просит он.

— Тогда нужно записаться в библиотеку, — говорит мама.

Но Серёжа не знает, что такое библиотека, и мама объясняет:

— Библиотека — это место, где хранятся разные книги: и для малышей, и для старших детей, и для взрослых. В библиотеке много книжных полок — от пола до самого потолка. Если тебе нужна какая-нибудь особенная книжка, а ты не знаешь, где её взять, то всегда сможешь найти её в библиотеке. Там много разных книг, и обязательно найдутся те, которые ты ещё не читал. Библиотекарь подскажет тебе, какую книгу почитать.

— А библиотекарь — это кто? — спрашивает Серёжа.

— Это работник библиотеки, который выдает книги, — объясняет мама.

И вот Серёжа в библиотеке. Всё вокруг заставлено шкафами с книгами.

— Ого! — удивляется Серёжа. — Как же библиотекарь сможет найти для меня подходящую книгу? Долго придётся искать!

— Нет, не долго. Потому что все книги расставлены по порядку, — объясняет ему тётя-библиотекарь.— Например, на этих полках стоят книги для детей до пяти лет. А на этих — для тех, кто уже ходит в школу. Сколько тебе лет?

— Четыре, — отвечает Серёжа.

— Значит, книгу для тебя мы будем искать здесь. Видишь, на каждой полочке между книгами есть закладки с крупно написанной буквой. Буква на закладке означает первую букву в фамилии писателя, написавшего книгу. Например, тебе понадобились стихотворения Агнии Барто, значит, ищем закладку с буквой «Б» и рядом с ней находим нужную книгу.

— А я не знаю, кто написал книги, которые я ищу, — говорит Серёжа. — Я просто хочу найти что-то интересненькое.

— Тогда выбирай сам, — предлагает библиотекарь и показывает Серёже полку с книгами для детей четырёх-пяти лет.

Серёжа внимательно рассматривает книжки и выбирает две самые интересные. Он очень доволен.

— А можно взять сразу две? — спрашивает он.

— Можно, — отвечает библиотекарь. — Но сначала я запишу тебя в нашу библиотеку. Назови мне своё имя, фамилию, адрес и домашний телефон.

Серёжа называет улицу, на которой он живёт, номер дома и квартиры, а библиотекарь записывает всё это в специальную карточку — абонемент. Затем переписывает названия книг, которые выбрал Серёжа, и ставит дату.

— Ты должен принести книги в библиотеку через две недели, — говорит она. — Когда вернёшь прочитанные, сможешь взять новые.

Серёжа благодарит библиотекаря и прощается с ней. По дороге домой он спрашивает у мамы:

— Зачем библиотекарь записала мою фамилию и номер телефона?

— Затем, чтобы знать, кому она отдала книги. Ведь она за них отвечает, — объясняет мама. — Библиотечные книги принадлежат всем детям, живущим в нашем городе. Люди придумали собрать книги в библиотеке, чтобы любой человек смог их прочитать. Библиотекарь следит за тем, чтобы книги хранились в хороших условиях. Она их выдаёт и принимает назад. Если кто-то из читателей забудет вернуть книгу вовремя, библиотекарь позвонит ему и напомнит.

— А если книгу всё равно не вернут? — спрашивает Серёжа.

— Тогда библиотекарь напишет заявление в полицию, и человека заставят вернуть книгу или выплатить штраф за нарушение правил. Но так бывает редко, — говорит мама. — Тот, кто любит читать, с уважением относится к книгам: не рвёт их, не пачкает и вовремя возвращает. А если вдруг нечаянно потеряет книгу, то придёт и честно скажет об этом, принесёт другую взамен потерянной и подарит её библиотеке.

И вот Серёжа дома. Он рассматривает картинки в библиотечных книжках. Вдруг замечает, что один из листов заклеен скотчем.

— Мама, смотри, эту книгу уже кто-то порвал, а потом заклеил. Зачем библиотеке нужны старые, заклеенные книги? — удивляется он.

— Эту книгу уже прочитали многие мальчики и девочки, потому что она очень интересная. Оттого, что книгу часто листали и рассматривали, носили с собой и возили, как любимую вещь, она перестала выглядеть новой. Как твой любимый Симба. Вспомни, когда мы его купили, он был новенький, аккуратный, чистый. Но ты его так любил, что не отпускал от себя ни на минутку, повсюду его за собой таскал, кормил кашей. Симба пачкался, я его стирала, сушила, и он больше не выглядит как новый. Но ведь ты же не перестал его из-за этого любить, верно? — спрашивает мама.

— Верно! — подтверждает Серёжа, хватает Симбу и прижимает его к себе.

— Не беда, что он потрёпанный, зато самый любимый! Так же и с книгой, — продолжает мама. — Странички её истрепались и в некоторых местах даже порвались. Но от этого книга не стала менее интересной и любимой. Тот, кто нечаянно порвал страницу, заклеил её и вернул книгу в библиотеку аккуратной. Какой молодец! — хвалит мама. — Если бы книгу не заклеили, другие дети не смогли бы её читать.

— Ну, давай, мама, читай скорее! — просит Серёжа, и мама начинает читать.

ВОСПИТАННЫЙ И НЕВОСПИТАННЫЙ

Серёжа листает детскую книжку и рассматривает картинки. На них изображены люди с разным выражением лица. Один из них смеётся — сразу понятно, что ему весело. Другой удивляется — Серёжа видит круглые изумлённые глаза и брови домиком. Третий — испугался, он прикрылся рукой и кричит. Рядом с ним кружит пчела.

Четвёртый грустит: уголки его рта опущены, глаза печальные. Пятый — сердится: брови нахмурены, взгляд злой.

— На картинках изображены эмоции разных людей, — объясняет мама. Она переворачивает страницу и читает заголовок: «Воспитанный и невоспитанный».

На рисунке Серёжа видит сердитую тётю в магазине. Мама читает: «Дайте мне картофель, сыр и масло! Да побыстрее! — говорит тётя командным голосом продавцу».

— Тётя не поздоровалась с продавцом, забыла сказать ему волшебное слово «пожалуйста». Продавец, встречавший покупателей с улыбкой, решил, что она невоспитанная, и перестал ей улыбаться, — объясняет мама.

— Он ждёт не дождётся, когда же она наконец уйдёт из магазина. Невоспитанные люди никому не нравятся, потому что они портят настроение другим. Скажи, Серёжа, а как воспитанный человек попросил бы у продавца картофель, масло и сыр? — спрашивает мама.

— Он бы сказал: «Взвесьте мне, пожалуйста, три килограмма картошки. И дайте, пожалуйста, сыр и масло», — отвечает Серёжа.

— А в конце вежливый покупатель обязательно поблагодарил бы продавца, — добавляет мама и переворачивает страницу.

Серёжа видит картинку, на которой разговаривают двое прохожих. Один с приветливым выражением лица, а второй с сердитым.

— Этот человек заблудился, — объясняет мама, показывая на приветливого прохожего. — Он подошёл к другому прохожему и спрашивает: «Простите, вы не подскажете, где находится улица Дарвина?» А тот сердито отвечает: «Не подскажу! Тебе надо, сам и ищи!»

— Какой невоспитанный! — восклицает Серёжа. — Он должен был ответить вежливо: «Извините, но я не знаю, где находится эта улица».

— А если знает, то подсказать прохожему, куда тому нужно идти, — добавляет мама и спрашивает: — Кто такой воспитанный человек?

— Это тот, кто не грубит другим людям и говорит слова вежливости: «здравствуйте», «до свидания», «пожалуйста», «спасибо», — перечисляет Серёжа и спрашивает: — Мамочка, а я воспитанный?

— Конечно, воспитанный! — подтверждает мама. — Ты всегда приветлив и не забываешь говорить слова вежливости! — радуясь, она обнимает Серёжу. И Серёжа тоже рад.

ЛЕОПАРДОВЫЙ ВЕТРЯН

Однажды утром Серёжа проснулся и заметил у себя на руке красные пятнышки и пузырьки. Папа с мамой вызвали врача, и тот сказал, что Серёжа заболел ветрянкой. Врач пояснил, что ветрянкой болеют почти все дети и ничего страшного в этом нет. Конечно, это не очень приятно, ведь красными пятнышками и пузырьками покрывается всё тело: руки, ноги, спина, живот и даже лицо. Чтобы они не чесались и быстрее заживали, их нужно смазывать специальным лекарством. Через одну-две недели ветрянка проходит, и пятнышки с пузырьками исчезают. Врач объяснил Серёже, что ему нужно побыть на карантине, чтобы не заразить других детей.

— Одни пузырьки будут лопаться, а другие появляться. Пока это происходит — ты болен, а значит, можешь заразить других детей. Тогда им тоже придётся лечиться, — сказал врач.

Пузырьки сильно чешутся, Серёжа не выдержал и почесался.

— Осторожно, — предупредил врач. — Не раздави пузырьки! Они должны лопнуть сами. Если их расцарапать, в ранку могут попасть микробы. Этого нельзя допустить! Я выпишу тебе лечебную жидкость — зелёнку. Она так называется, потому что зелёного цвета. Смазывай ею пузырьки и пятнышки. Зелёнка защитит тебя от микробов и зуда.

— Но я же тогда буду весь зелёный! — запротестовал Серёжа.

— Цвет лекарства не останется с тобой навсегда, — заверил доктор. — Недельку походишь в зелёных пятнышках. Пока ты на карантине — ты дома, никто тебя не видит, кроме папы с мамой. А когда выздоровеешь, пятнышки либо сами побледнеют, либо ты смоешь остатки зелёнки.

Врач попрощался и ушёл. Но Серёжа наотрез отказался мазаться зелёнкой! Ему было щекотно, и ещё Серёжа не хотел быть в зелёных пятнышках. Он боялся, что друзья его не узнают. Когда мама пыталась смазать пузырьки и пятнышки, Серёжа громко кричал:

— Не мажь меня! Ай, холодно! Ой, щекотно! Не хочу быть в зелёнке, меня друзья не узнают!

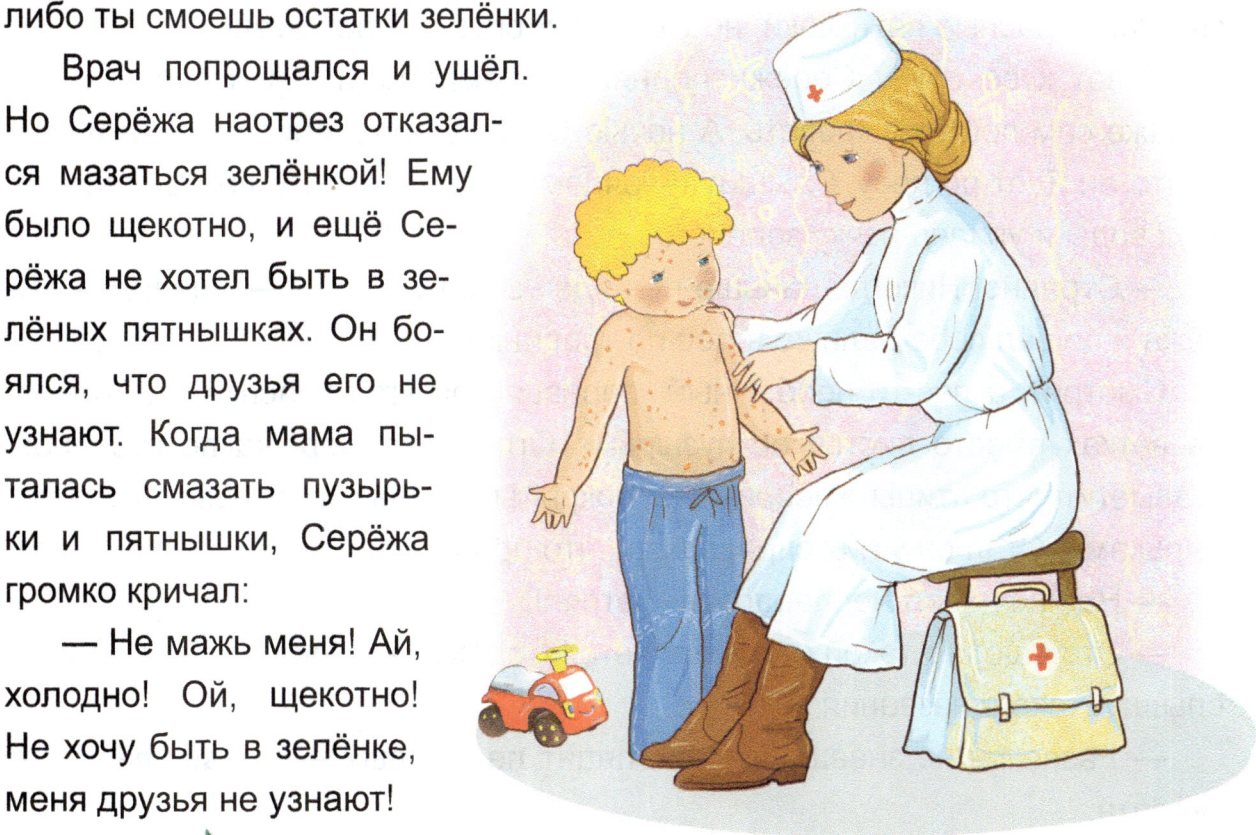

Так мама целый день воевала с Серёжей: она гонялась за ним с зелёнкой в руках и уговаривала намазать пятнышки, а Серёжа вырывался, убегал и прятался. Оттого, что пятнышки и пузырьки не лечили, они сильно чесались. Серёжа расчёсывал их до крови, а потом плакал.

Мама объясняла ему много раз, что зелёнка помогает вылечить пузырьки и красные пятнышки, но Серёжа и слушать не хотел!

И вот к вечеру у Серёжи поднялась температура. Он очень устал и даже сам пошёл в кровать. А ночью Серёже приснился странный сон. Будто он идёт по лесу. Слышит — рядом вода шумит. Пошёл Серёжа на звук воды и увидел речку зелёного цвета.

— Странно! Никогда раньше не видел зелёную воду! — удивился Серёжа и пошёл себе дальше в лес по тропинке.

Смотрит, а лес-то необычный: деревья покрыты красными пятнами, на ветках вместо листочков пузырьки. Оглянулся Серёжа по сторонам и заметил, что птицы и звери тоже покрыты красными пятнышками и пузырьками. Стал он у них спрашивать, что произошло, а они и отвечают:

— На нас напал Леопардовый Ветрян!

— Это ещё кто такой? — удивляется Серёжа. — Никогда раньше я не слышал такого названия.

— Разве ты не знаешь, как выглядят леопарды? — спрашивают его зверята.

— Знаю, — отвечает Серёжа. — Леопард похож на тигра, но вместо полосок на его теле — коричневые пятна.

— Правильно! Вот и у нашего Ветряна тоже есть пятна, как у леопарда. Только они не коричневые, а красные, ветрянчатые. Поэтому его все так и называют: Леопардовый Ветрян. Он пришёл в наш лес и заразил ветрянкой деревья, птиц и животных. В нашем лесу все больны, — грустно ответили зверята. — А недавно сорока на хвосте принесла весть о том, что где-то есть волшебная зелёная жидкость и что ею нужно смазывать пузырьки и пятнышки, чтобы они поскорее зажили и исчезли. А ещё сорока сказала нам по секрету, что Леопардовый Ветрян очень боится этой зелёной жидкости. Вот бы нам её получить, мы бы живо прогнали его из леса!

Тут Серёжа догадался: он попал в сказку, в которой вирус ветрянки разгуливает по свету в виде Леопардового Ветряна и заражает всех, кого встречает на своём пути. А зелёная жидкость, которую боится Леопардовый Ветрян, — это зелёнка!

И Серёжа вспомнил про зелёную речку у входа в лес.

— Я знаю, где взять волшебную зелёную жидкость! Скорее все за мной! — скомандовал он.

Серёжа поспешил к зелёной реке, а за ним полетели птицы, побежали зверята. Вскоре все пришли на берег зелёной речки, и Серёжа стал мазать зелёнкой больных животных и птичек. Он увидел собственными глазами, как пузырьки и пятнышки заживают и исчезают.

— Ура! Получилось! — радостно закричал Серёжа. Те, кто уже выздоровел, стали помогать Серёже лечить оставшихся больных.

Но некоторые глупые зверушки не хотели лечиться. Они убегали, прятались и кричали: «Ой, щекотно! Ай, холодно! Ой, не надо меня мазать, а то я весь зелёный буду, меня друзья не узнают!» Серёжа ловил таких малышей-глупышей и объяснял им, что волшебная зелёнка поможет справиться с микробами. Зверята слушали и разрешали себя лечить. Пузырьки засыхали и заживали, зверята выздоравливали и благодарили Серёжу.

Но вдруг из леса послышалось ужасное рычание, и на поляну выскочил страшный зверь. Он был похож на леопарда. Но на его шкуре вместо коричневых пятен были красные, ветрянчатые. Зверь открыл пасть, и всем стали видны его длинные, острые клыки. Снова по лесу раскатился грозный рык. Звери задрожали от страха и стали прятаться кто куда.

— Леопардовый Ветрян! Леопардовый Ветрян! — послышались испуганные возгласы.

Но Серёжа не испугался. Он зачерпнул в зелёной реке волшебную жидкость и плеснул её на Ветряна. Тот задрожал и со всех ног кинулся прочь.

— Ура! — обрадовались звери. Серёжа тоже закричал «ура» и вдруг… проснулся!

Тут же на руках и на ногах сразу зачесалось несколько пузырьков. Серёжа посмотрел на них и увидел, что они ещё до сих пор не смазаны зелёнкой.

— Мама, мама! — позвал Серёжа. — Скорее возьми зелёнку и помажь меня!

Услышав Серёжин крик, мама поспешила к нему в комнату. Она очень удивилась: ведь ещё вчера Серёжа отказывался от зелёнки. Но мама не только удивилась, но ещё и обрадовалась. Пока она смазывала Сереже пузырьки и пятнышки, он объяснял:

— Понимаешь, они появились потому, что на меня напал Леопардовый Ветрян — так зовут вирус ветрянки. Из-за него я и заболел. Хорошо, что у нас есть зелёнка! Это же волшебная зелёная жидкость, она лечит пузырьки и пятнышки. Мажь меня скорее!

Мама смазала Сереже все его пятнышки и пузырьки, а Серёжа не жаловался, не убегал и не прятался, спокойно стоял и терпел. Теперь он знал, что Леопардовый Ветрян боится зелёнки.

Вскоре Серёжа выздоровел и вышел гулять во двор. Он рассказал друзьям про Ветряна и про то, как тот нападает на детей и заражает их ветрянкой.

«Если Леопардовый Ветрян когда-нибудь нападёт и на вас, — сказал им Сережа, — не бойтесь! Смазывайте все пятнышки и пузырьки лекарством, и тогда Леопардовый Ветрян испугается и оставит вас в покое!»

ИГРА ПО ПРАВИЛАМ

На улице плохая погода. Небо затянуло серыми тучами, и на землю то летят капли дождя, то сыплет град. В такую погоду не погуляешь! Чтобы Серёжа не скучал, мама предложила ему сыграть в настольную игру. У Серёжи несколько таких игр. Он открыл коробку и разложил на полу картонку, где изображена дорожка. Нужно выбрать фишку и, бросая кубик, пройти от старта до финиша. Кто первый придёт, тот и победил.

Серёжа выбрал красную фишку, а мама — жёлтую. Серёжа бросает кубик первым, и тот показывает одну точку. Это значит, что Серёжа должен переместить свою фишку на одну клеточку вперёд по дорожке.

Теперь мамина очередь бросать кубик. Ей выпало шесть точек, и она передвинула свою фишку на шесть клеточек вперёд. Её фишка оказалась впереди.

— Нет, я хочу, чтобы моя фишка была впереди! — капризничает Серёжа.

— Но по правилам игры моя фишка первая, — возражает мама.

— По каким правилам? — спрашивает Серёжа.

— По правилам этой игры. Ты же знаешь, что в каждой игре есть правила, которые нужно соблюдать, — напоминает мама. — Все игроки хотят быть впереди, но первым к финишу придёт только один — тот, кому повезёт.

— Ну, мама, ну, давай поставим мою фишку вперед! — упрашивает Серёжа.

— Но так же не интересно играть! — говорит мама. — Тогда сразу ставь свою фишку на финиш — на самую последнюю клеточку, и закончим игру.

— Нет, я так не хочу, — говорит Серёжа.

— Тогда бросай кубик, — предлагает мама.

Серёжа покатил кубик, и ему снова выпала одна точка, а маме — четыре. И её фишка ушла далеко вперёд.

Серёжа говорит:

— Мама, ты больше не бросай кубик. Теперь буду бросать только я, пока тебя не обгоню.

— Как же это так? Ведь кубик кидают по очереди, — возражает мама. — Сначала ты, потом я, потом снова ты и снова я. Разве тебе понравится, если я всё время буду бросать кубик, а ты только будешь сидеть и смотреть?

— Нет, — говорит Серёжа. — Мне нравится, когда я бросаю кубик, а ты на меня смотришь.

— Но так не нравится мне, — говорит мама. — Эта игра для двоих, и нам обоим должно быть приятно играть, а не только тебе одному.

Но Серёжа не слушает маму. Он забрал кубик и кидает его сам. Мама смотрела на него, смотрела. Ждала-ждала, что он позволит и ей бросить кубик, а потом ушла заниматься своими делами. А Серёжа заплакал.

— Почему же ты плачешь, Серёжа? — удивляется мама.

— Мне обидно, что ты со мной не играешь, — жалуется он.

— Но ведь это ты со мной не играешь, — отвечает мама. — Ты забрал кубик, сам бросаешь, а мне не даёшь. Правила не соблюдаешь, а значит, игра считается нечестной и на этом заканчивается.

— Ладно, — говорит Серёжа. — Давай начнём всё сначала, я буду играть честно, по правилам.

Серёжа и мама играют в ту же игру, но на этот раз Серёжа соблюдает правила игры и не забирает у мамы кубик. И где же Серёжина фишка? Посмотрите: она впереди! В этот раз Серёже везёт, и он выигрывает.

ПУТАНИЦА-ПЕРЕПУТАНИЦА

— Серёжа, просыпайся, пора идти в садик! — будит Серёжу папа.

— Не хочу вставать! Ещё ночь! — сердито отвечает Серёжа.

— Нет, уже утро, — возражает папа.

— Тогда я не буду по утрам ходить в садик! — говорит Серёжа. — Лучше я ночью пойду, а утром буду спать!

Папа смеётся.

— Так не бывает, — говорит он. — Ты перепутал. Это ночью все спят: и птицы, и животные, и люди.

— Ну и что! А я всё равно не лягу ночью, буду спать утром! — капризничает Серёжа.

— Хорошо, давай представим, что будет, если ты ночью не поспишь, — говорит папа. — Вот легли все спать, а ты один не спишь. Ты же обещал, что не заснёшь ночью, вот и стараешься не спать. Но тебе скучно. Ведь все остальные люди спят: и папа с мамой, и твои друзья. Играть не с кем. Захотелось тебе прогуляться по парку, но ночью в парке темно и никто не гуляет. Захочешь зайти в магазин игрушек, а он ночью закрыт. Ты бы навестил своих друзей в детском саду, но ночью он не работает! Зато ночью сладко спится. Ведь вокруг темно, и солнечный свет не мешает глазкам отдыхать. И вот ты чувствуешь, что тебе очень хочется спать. Глаза закрываются сами по себе, но ты заставляешь их открыться. Не спишь, терпишь! И вот, наконец, наступает утро. Все люди встают, а ты засыпаешь. Выходит солнышко, освещает землю, заглядывает в окна. Ты ворочаешься в кроватке, потому что солнечные лучи светят в лицо, в глаза, мешают спать и зовут на улицу погулять. На улице здорово! В парке светло, солнышко пригревает, щебечут птички, смеются дети. И ты напрасно стараешься уснуть. Тебе мешает не только солнечный свет, но и шум, доносящийся с улицы: во дворе играют ребята, по дорогам ездят машины, под окнами разговаривают люди. Как тут уснуть? И ты встаёшь, но сил на игру и друзей у тебя нет, настроение плохое. Ты же ночью не спал, откуда силы появятся? Вот такая путаница-перепутаница получится! — говорит папа. — А всё потому, что нельзя путать день с ночью! Спать надо ночью. Тогда утром проснёшься бодрым и весёлым.

В комнату заглядывает мама.

— Завтрак уже на столе,— говорит она. — Серёжа, ты что, до сих пор в постели? Так мы в садик опоздаем!

— А почему папа говорит, что тот, кто спит по ночам, утром просыпается бодрым и весёлым? Я же спал всю ночь, а сил и настроения у меня всё равно нет! — возмущается Серёжа.

— Я знаю, почему у тебя нет сил и настроения, — говорит мама. — Потому что ты лёг вчера поздно. Помнишь, я просила тебя пойти спать в девять вечера, а ты не пошёл, разгулялся перед сном. Кто затеял игру в догонялки? — спрашивает мама и с укором смотрит на папу.

— Пойду-ка я завтракать, — говорит папа и уходит на кухню. Он торопится, ведь ему пора на работу.

— Вставай, Серёжа, — говорит мама. — Я тебе помогу собраться. А вечером мы всё сделаем по правилам. Сначала ты примешь ванну, потом почитаем книжку и после этого ты легко заснёшь. Если ляжешь спать в девять вечера, утром проснёшься бодрым и весёлым, как обещал папа. А если не послушаешь меня, будешь так мучиться каждое утро, пока твой организм окончательно не ослабнет, — говорит мама.

— Отчего организм ослабнет? — интересуется Серёжа, натягивая штаны.

— Оттого, что ты не даёшь ему отдохнуть и выспаться. Так что ты решил? Как хочешь вставать по утрам: легко или с трудом? — спрашивает мама.

— Легко, — отвечает Серёжа. Он уже оделся и идет умываться. Прохладная вода помогает глазам проснуться, а завтрак даёт Серёже новые силы. И вот он снова бодрый и весёлый! Теперь можно идти в детский сад.

ЗРЕНИЕ И СЛУХ

— Серёжа, завтра утром вместо детского садика мы идём в поликлинику, — говорит мама.

— Зачем? Разве я заболел? — удивляется Серёжа.

— Нет, ты не заболел, — отвечает мама. — Но воспитательница сказала, что завтра утром все дети из вашей группы должны сходить в поликлинику на медицинский осмотр. Врачи проверят у вас зрение, слух, зубки, послушают, как работает сердечко.

— А что такое зрение? — спрашивает Серёжа.

— Зрение — это способность видеть. Как твои глазки видят предметы — хорошо или плохо. Если у человека хорошее зрение, он чётко видит предметы и вдалеке, и вблизи. Если плохое — он не различает предметы, не узнаёт их.

— А что такое слух?

— Слух — это способность слышать. Если у тебя оба ушка слышат хорошо, значит, у тебя отличный слух, — объясняет мама.

— А зачем воспитательница сказала всем детям идти в поликлинику? Разве они жаловались на плохое зрение и слух? — спрашивает Серёжа.

— Пока никто не жаловался, — отвечает мама. — Дело в том, что ребёнок не знает, какими должны быть зрение и слух. Если он плохо видит или плохо слышит — не пожалуется папе и маме, ведь он думает, что так видят и слышат все люди. А врач знает, какими должны быть зрение и слух, он поможет тем детям, которые плохо видят или плохо слышат. Зубной врач проверит зубки. Вдруг там уже образовалась дырочка, но зуб ещё не болит, и ребёнок ничего не знает. Зуб с дырочкой нужно срочно лечить, иначе он разболится и будет очень плохо! — предупреждает мама. — Теперь ты понял, зачем надо ехать на осмотр?

— Понял, — отвечает Серёжа.

И вот мама с Серёжей в поликлинике. Как Серёже проверяют зрение? Его посадили напротив таблицы, на которой изображены разные предметы и животные. В верхней строке предметы большие, в следующей — меньше, потом ещё меньше и в нижней строчке — самые маленькие.

— Серёжа, хорошо ли ты видишь предметы в верхней строке? — спрашивает врач.

— Да, — отвечает Серёжа.

— Назови, что ты видишь.

Врач показывает указкой сначала на самолётик, потом на зайца и на ключик. Серёжа перечисляет:

— Самолёт, заяц, ключ.

— Правильно, — соглашается врач и ведёт указкой по той строке, которая ниже.

Серёжа назвал все предметы: и в верхних строчках, и даже в нижних. Это означает, что у него хорошее зрение, он зоркий. Серёжа очень рад! Но в садике нашлись такие мальчики и девочки, которые не назвали предметы в нижних строках. Почему? Что с ними случилось? Они плохо видят. Врач прописал им носить очки. В таких очках специальные стёклышки, которые помогают человеку с плохим зрением видеть хорошо.

Теперь Серёже проверяют слух. Как врач это делает? Он вставил в Серёжино правое ухо тоненький проводок, который присоединён к прибору. Серёже щекотно, но он терпит. Врач включил прибор, и тот загудел. В это время карандаш, прикреплённый к прибору, сам начал чертить линии: вверх-вниз, вверх-вниз. Затем врач вставил проводок в Серёжино левое ухо, и снова карандаш начертил линии.

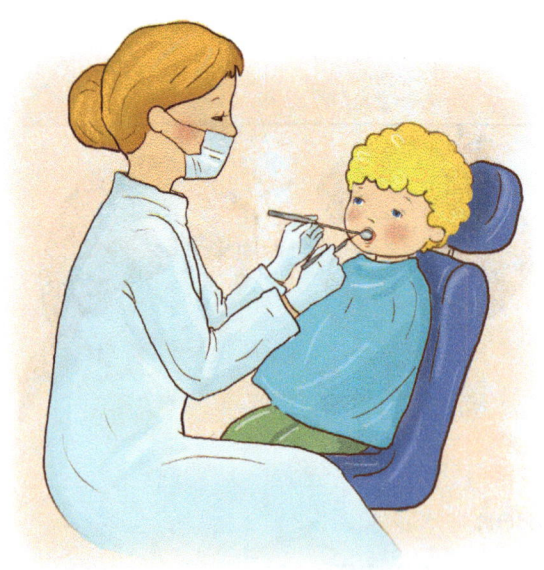

Врач что-то записал на листе и сказал Серёже:

— У тебя отличный слух. Поздравляю!

И Серёжа пошёл к зубному врачу. Тот внимательно рассмотрел Серёжины зубки с помощью специального маленького зеркальца и остался очень доволен:

— Молодец, Серёжа! Видно, что ты ухаживаешь за своими зубами.

— Я чищу их утром и вечером! И даже после полдника полощу рот, чтобы там не остались кусочки еды, — хвастается Серёжа.

— Вот почему в твоих зубах нет дырочек, — говорит врач.

Так Серёжа прошёл всех врачей. Ему проверили горло, уши, зубы, послушали, как стучит сердце. Мама и Серёжа остались довольны, ведь Серёжа здоров! Вечером они сообщили об этом папе, и он сказал:

— Каждый человек должен следить за своим здоровьем: есть овощи и фрукты, пить соки, чистить зубы. Витамины помогают глазам хорошо видеть, зубам — быть крепкими. Спортивные занятия, игры во дворе сделают тебя бодрым и сильным. Если ты будешь продолжать ухаживать за собой, то и в следующий раз врачи снова скажут, что ты здоров!

Серёжа ест овощи и фрукты, любит спортивные занятия. Он вырастет и станет таким же высоким и сильным, как папа.

В ГОСТЯХ У АНДРЮШИ

Серёжа в гостях у Андрюши. Сначала они весело играли, но потом начали спорить. Андрюша предлагает Серёже какую-то игру, а Серёжа не хочет в неё играть.

— Если ты скажешь «не хочу», то прилетит Нехочуха и всё перенехочет, — придумывает Андрюша.

— А я скажу, что не люблю эту игру, — говорит Серёжа.

— Тогда прилетит Нелюбка, — отвечает Андрюша. — Он плохой, потому что никого не любит.

— А я тогда вообще буду молчать! — сердится Серёжа.

— И к тебе придёт Молчалка, — придумывает Андрюша.

— Знаешь, когда я упал, ко мне Болька приходил, — вдруг вспоминает Серёжа. — А как только я его прогнал, мне сразу перестало быть больно.

— А как ты Больку прогнал? — интересуется Андрюша.

— А вот так: перестал плакать и терпел. Болька подумал, что мне больше не больно. Ему стало неинтересно меня мучить, и он ушёл.

— А я раньше не умел сам обуваться, — вспоминает Андрюша. — Тогда ко мне приходил Неумейка и мешал мне учиться надевать ботинки. Неумейке очень нравится, когда другие дети ничего не умеют. Он сидел рядом и мешал мне обуться. Но я его прогнал и сразу научился.

— А я Неумейку прогнал, когда учился зашнуровывать ботинки, — хвастается Серёжа.

— А у меня колючая водичка есть, хочешь? — предлагает Андрюша.

— Как это — колючая водичка? — удивляется Серёжа.

— Это лимонад. В нём пузырьки, они колются, — объясняет Андрюша и наливает лимонад себе и Серёже.

Серёжа пьёт лимонад, шипучие пузырьки попадают в нос. Серёжа и Андрюша смеются. И вдруг Серёжа как икнёт: ик! «Это из-за лимонада», — хотел сказать Серёжа. Но у него получилось:

— Это из-за — ик! — монада!

— Что ты сказал? — спрашивает Андрюша и смеётся.

— Это — ик! Лим… ик! — отвечает Серёжа, и мальчики заливаются громким смехом.

Андрюша хотел сказать, что ему ничего не понятно, но вместо этого тоже икнул, и у него получилось:

— Ничего не — ик! — тно!

Серёжа с Андрюшей икают и хохочут.

— Что — ты — ик — зал? — спрашивает Серёжа.

— Ты — ик! Непонятно го — ик! — ишь! — отвечает Андрюша.

— А ты разучился гов — ик! — рить! — хохочет Серёжа.

— Нет, это ты не умеешь гов — ик! — рить! — отвечает Андрюша.

Так мальчики смеялись, пока не перестали икать.

— Щекотный у тебя лимонад, — говорит Серёжа. — Он мне пощекотал живот и нос!

И Серёжа громко чихнул. Андрюша рассмеялся. Тут в комнату вошла мама, она предложила мальчикам пойти погулять. Серёжа и Андрюша с радостью согласились.

Позже Серёжа спросил у папы:

— Почему человек икает?

— Икота появляется тогда, когда человек быстро ест, глотает большие куски. Маленькие дети иногда икают, если замёрзнут.

— А от газированных напитков тоже икают? — спрашивает Серёжа.

— Тоже, — соглашается папа. — Если на тебя напала икота, ты можешь попробовать избавиться от неё. Знаешь как?

— Нет, не знаю, расскажи, — просит Серёжа.

— Надо глубоко вдохнуть и задержать дыхание. Можно медленно и глубоко подышать, хорошо потянуться или выпить целый стакан негазированной воды — маленькими глотками, почти не вдыхая воздух. А можно просто подождать, и через пять-десять минут икота пройдёт сама.

ОТЧЕГО У СЕРЁЖИ ЗАБОЛЕЛА ГОЛОВА

Серёжа лежит на диване и смотрит по телевизору мультфильмы.

— Пойдём погуляем, — предлагает мама.

— Не хочу! — отвечает Серёжа.

— Тогда идём в парк на детскую площадку, наверняка там уже собрались твои друзья, — уговаривает мама.

— Не хочу в парк! Хочу мультики смотреть! — нервно отвечает Серёжа.

Мама дождалась, когда мультфильм закончился, и говорит:

— Всё, Серёжа, ты досмотрел мультик до конца, теперь пошли на улицу!

— Я не пойду, мне хочется полежать, — жалуется Серёжа.

— Ладно, — соглашается мама. — Если у тебя нет настроения гулять во дворе, тогда можешь полежать, но телевизор выключи, лучше я почитаю тебе книжку.

— Нет, я ещё хочу мультфильмы смотреть! — говорит Серёжа капризным голосом.

— А ты знаешь, что нельзя долго смотреть телевизор? — спрашивает мама.

— Можно! — отвечает ей Серёжа.

— Нет, нельзя, потому что глаза от этого напрягаются и сильно устают. А если глаза устанут — голова заболит.

Но Серёжа не верит маме, он продолжает лежать на диване и смотреть телевизор.

Прошло ещё полчаса, и вдруг Серёжа почувствовал, что у него начала болеть голова. Да так сильно! Он испугался и кинулся к маме.

— Мама, мама! У меня голова болит, и из глаз сами по себе слёзы катятся, — жалуется Серёжа. — Что же теперь делать? К врачу идти, да?

— В первый раз можно не идти к врачу, — отвечает мама. — Главное сейчас — выключить телевизор и сегодня больше его не смотреть. Пусть твои глаза и голова отдохнут. Теперь нужно обязательно погулять, подышать свежим воздухом, головная боль и пройдёт. Если ты не хочешь бегать и играть, возьми на улицу самокат или велосипед. Выйдем на улицу ненадолго.

Серёжа одной рукой трёт слезящиеся глаза, другой — держится за голову.

— Видишь, что бывает, если долго смотреть телевизор! — говорит мама. — Глаза не выдержали такого напряжения и стали слезиться. Если каждый день смотреть телевизор долго, зрение испортится и придётся носить очки, — объясняет мама.

— Я не знал… — жалобно говорит Серёжа. — Я больше не буду так долго смотреть телевизор! — обещает он и просит: — Пойдём скорее на улицу!

Мама соглашается. Серёжа торопится обуться, хватает самокат.

— Я готов, — сообщает он.

— И я готова, — отвечает мама.

На улице головная боль незаметно прошла. Серёжа вспомнил о ней только тогда, когда они с мамой вернулись домой.

ПРИВИВКА

Серёжа с папой в поликлинике. Серёже нужно сделать прививку от краснухи.

Что такое прививка? Это укол в руку или в попу. В шприце находится лекарство, а в нём вещества-солдатики, которые знают, как выглядят микробы, из-за которых человек может заболеть краснухой. Если такие микробы попытаются пробраться к Серёже, вещества-солдатики не пустят их в организм, и Серёжа не заболеет.

— А что такое краснуха? — интересуется Серёжа.

— Это болезнь, когда у человека поднимается высокая температура, сильно болит голова, а всё тело покрывается красными пятнами.

— Как во время ветрянки? — спрашивает Серёжа.

— Краснуха похожа на ветрянку тем, что на теле тоже появляются красные пятна, — соглашается папа. — Это называется сыпь.

— А прививка — это больно? — спрашивает Серёжа.

— Не больно, но немножко неприятно, — отвечает папа. — Так же, как кусает комарик. Придётся немножко потерпеть, пока вещества-солдатики из шприца попадут в организм. Укол длится несколько секунд, а краснуха — целых две недели, даже больше! Лучше уж прививку сделать, чем болеть, — объясняет папа.

Серёжа наблюдает за тем, что делает медсестра. А она тем временем набирает лекарство в шприц, смазывает место укола мокрой ваткой и обращается к Серёже:

— Сделай глубокий вдох.

Серёжа вдохнул изо всех сил, и в этот момент медсестра сделала укол.

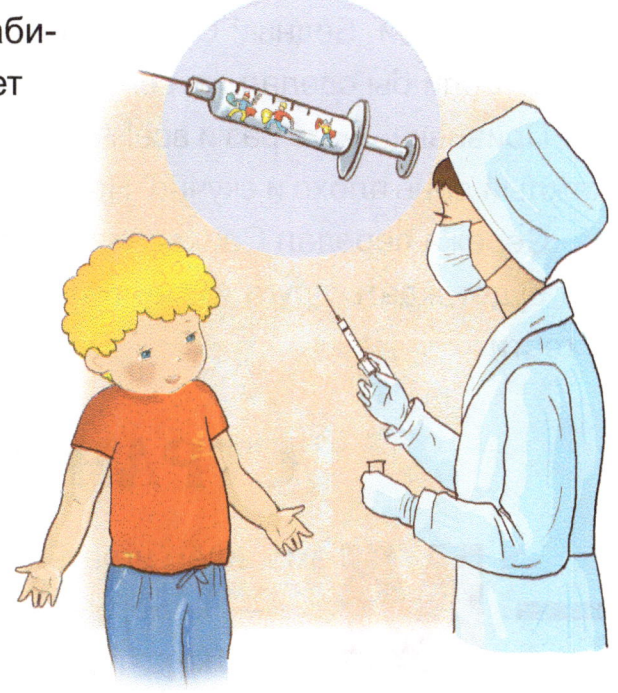

Получилось не больно. Что Серёжа почувствовал? Мокрую ватку и как будто слабый укус комара. Серёжа не крутился по сторонам, не кричал, не мешал медсестре, поэтому ему не было больно! А если бы он кричал и вырывался, то напугал бы медсестру. Она бы разволновалась, и получилось бы больно. А ведь кричи не кричи, прививку всё равно сделают, потому что так надо! Зачем же тогда кричать и мешать медсестре, лучше уж потерпеть несколько секунд. Один, два, три — и готово!

— Молодец, Серёжа, ты храбрый мальчик. Из тебя выйдет настоящий мужчина! — похвалила медсестра.

А папа сказал:

— За мужество полагается награда! Идём, купим что-нибудь вкусненькое. Чего тебе хочется?

У Серёжи большие планы: он хочет и пончики с сахарной пудрой, и своё любимое печенье, и мороженое. Что Серёжа выберет, то папа ему и купит. Ведь Серёжа вёл себя как взрослый и этим порадовал папу, теперь папа порадует Серёжу.

Прошло несколько недель. Наступили холода. На улице сыро, долго не погуляешь. Серёжа решил пригласить к себе в гости Сашу. Но оказалось, что Саша заболел краснухой и теперь лежит в постели с высокой температурой. Бедный Саша! Почему же он не сделал прививку от краснухи? Если бы сделал, то сейчас веселился бы вместе с Серёжей.

Прививка — это раз и всё! А краснуха — целых две и даже три недели, каждый день плохо и скучно. Нет уж, лучше сделать прививку, чем болеть!

Серёжа передал Саше привет и пожелал ему скорого выздоровления. Он будет ждать друга и, как только тот поправится, сразу пригласит его в гости.

СТРАННЫЙ СОН

— Мама, идём играть! — зовёт Серёжа.

— Не могу, — отвечает мама. — Я готовлю кушать.

— Папа, поиграй со мной!

— Сейчас, закончу работу на компьютере и поиграю, — отвечает папа.

— Мама, ну когда ты уже придёшь? — снова спрашивает Серёжа спустя какое-то время.

— Я ещё не закончила свои дела, приду через пятнадцать минут, — обещает мама.

— Папа, ну когда же ты поиграешь со мной? — спрашивает Серёжа, но папа не отвечает, теперь он разговаривает по телефону.

Тогда Серёжа прилёг на диван подождать, пока папа и мама освободятся, закрыл глаза и загадал желание:

— Хочу, чтобы мама и папа перестали быть занятыми и всё время играли со мной!

А когда он открыл глаза, то увидел папу с мамой в своей комнате. Мама держала на руках Симбу, покачивала его и напевала:

— А-а-а, а-а-а! Спи, малыш, засыпай!

Потом она положила Симбу в Серёжину кроватку.

— Это моя кровать! — воскликнул Серёжа. — Не надо туда Симбу класть!

— Это не Симба! — ответила мама тоненьким голосом маленькой девочки. — Это мой ребёночек. И кроватка не твоя, а его! — сказала она.

А папа тем временем играл Серёжиным поездом. Он уже прокатил поезд по железной дороге и сейчас пытался провезти его через туннель, но поезд туда не помещался. Тогда папа стал заталкивать поезд силой.

— Ты неправильно делаешь, — обратился к нему Серёжа. — Давай я покажу тебе, как надо.

— Нет, я сам, — ответил папа, продолжая заталкивать поезд в туннель.

— Ну ты же так его сломаешь! — возмутился Серёжа.

— Не сломаю!

— Сломаешь!

— Не сломаю!

— Сломаешь!

Серёжа хотел отобрать у папы поезд, но тот не отдал.

— Мама! — закричал Серёжа. — Папа мне поезд не даёт!

— Ябеда! — воскликнул папа и бросил в Серёжу фантиком от конфеты.

В поисках защиты Серёжа повернулся к маме. Он хотел подбежать к ней, обнять, нажаловаться на папу. Но мама снова держала на руках

Симбу и не обращала на Серёжу никакого внимания. Серёжа хотел было заплакать, но мама воскликнула:

— Плакса! — и показала ему язык.

— Я голоден, — захныкал Серёжа. — Покорми меня!

— Не покормлю! — ответила мама. — Я не умею готовить, я умею только играть.

— А-а-а! — заревел Серёжа. — Не хочу, чтобы папа и мама были маленькими и играли моими игрушками! Хочу, чтобы они снова стали большими и занялись своими делами!

И тут он проснулся. Оказывается, пока он лежал на диване и ждал папу с мамой, он нечаянно заснул. Это был сон, в котором Серёжа расстроился и по-настоящему заплакал. Мама и папа услышали его плач и бросились к нему.

— Что случилось, сынок? — взволнованно спросила мама и обняла Серёжу.

— Мамочка, а ты больше не будешь брать моего Симбу и класть его в мою кровать? — спросил Серёжа жалобным голосом.

— Не буду, конечно, — заверила мама. — Ведь ты мой ребёночек, а не Симба.

— А ты покормишь меня? — снова спросил Серёжа.

— Конечно, покормлю! — ответила мама.

— Папа, а ты не будешь ломать мой поезд? — спросил Серёжа.

— Конечно, не буду, — удивлённо ответил папа. — Зачем мне твой поезд? У меня своих дел хватает.

— Как хорошо, что вы большие и у вас есть свои дела! — обрадовался Серёжа.

Папа с мамой переглянулись и пожали плечами.

— Ты что, Серёжа? Наверное, тебе плохой сон приснился? — ласково спросила мама.

— Не плохой, а странный, — ответил Серёжа и рассказал папе с мамой свой сон. И о том, как мама играла с Симбой, и о том, как папа заталкивал поезд в туннель и обозвал Серёжу ябедой.

— Действительно странный сон, хотя и смешной! — сказали папа с мамой и улыбнулись.

— Да, но во сне мне было не смешно, а обидно, — пожаловался Серёжа.

— Не расстраивайся, сейчас я тебя вкусно накормлю, — сказала мама и чмокнула Серёжу в щёку. А папа пообещал помочь Серёже построить большую железную дорогу.

— Ура! Вы самые лучшие папа с мамой на свете! — обрадовался Серёжа.

В ДЕРЕВНЕ

Наступило лето. Серёжа любит его не только потому, что летом тепло, но ещё и за то, что летом у папы с мамой отпуск и они много времени проводят все вместе. В этот раз отпуск выпал на конец лета. Папа предложил совершить путешествие на машине. Серёжа обрадовался. Он очень любит путешествовать на машине. Во-первых, это так интересно: рассматривать из окна дорогу, поля, леса, проезжать через новые города! Во-вторых, папа с мамой сидят рядом с Серёжей и могут отвечать на любые вопросы. Ведь у Серёжи очень много вопросов, но мама с папой не всегда могут ответить на них подробно из-за множества разных дел. В-третьих, в дороге весело: играет хорошая музыка, папа и мама подпевают, и Серёжа поёт вместе с ними. В дороге они много шутят, смеются, разговаривают. Это так весело — путешествовать на машине!

Путешествие началось с того, что машина выехала из города на трассу и понеслась мимо полей, лесов и речек. Серёжа внимательно наблюдал за дорогой через окно. Вдруг папа свернул на просёлочную дорогу.

— Мы навестим одну нашу родственницу — тётю Зину. Она живёт в деревне неподалёку отсюда, — сказал он.

На просёлочной дороге от колёс машины пыль сразу поднялась столбом, потому что дорога тут не асфальтированная. Впереди Серёжа увидел стадо коров. Какой-то мальчишка гнал его по дороге к деревне.

— А как он коровам объясняет, куда нужно идти? — удивился Серёжа.

— Видишь, у него в руках прутик? — сказал папа. — Этим прутиком он подгоняет тех коров, которые отстали от стада или сворачивают в другую сторону. Этот мальчик — пастух, его задача привести коров на поле и позволить им наесться досыта травкой. Потом он ведёт их домой.

— В каждом стаде есть вожак, — добавила мама. — Обычно вожак идёт первым, а за ним следуют все остальные животные. Они подчиняются вожаку, поворачивают туда, куда поворачивает он, а он идёт прямо к дому.

Папа уже объехал стадо коров, а Серёжа всё ещё продолжал наблюдать за ними через заднее стекло машины.

Ну вот, машина въехала в деревню, и Серёжа увидел множество одноэтажных и двухэтажных домиков. Прямо по дороге ходили куры, иногда за ними ручейком бежали цыплята, важно расхаживали петухи и индюки.

— Ух ты! — воскликнул Серёжа. — А я и не знал, что в деревне петухам и курам можно прямо по дорогам ходить!

Папа сбавил скорость, и машина поехала совсем медленно.

— Смотри, — сказал он Серёже, — утка своих утят через дорогу переводит.

Серёжа посмотрел в окно и увидел, как важно, раскачиваясь из стороны в сторону, через дорогу идёт большая серая утка, а за ней торопятся, бегут, будто катятся, маленькие пушистые шарики. Серёжа даже засмеялся от удовольствия, наблюдая за ними.

Наконец папа остановил машину возле небольшого домика.

— Здесь живёт тётя Зина, — сказал он.

Все вышли из машины, но калитка оказалась заперта. Соседи сказали, что тётя Зина на ферме, и объяснили, как туда проехать.

Ферма — это место, где живут домашние животные: коровы и телята, свиньи и поросята, лошади и жеребята, козы и козлята. И ещё на ферме живут домашние птицы: утки, куры, гуси, индюки. На ферме люди ухаживают за животными и поставляют в город молоко, яйца, мясо.

Папа остановил машину недалеко от фермы, и все пошли пешком. Найти тётю Зину оказалось совсем не просто. По дороге встречались разные люди, и папа с мамой спрашивали у них про тётю Зину.

— Там, где инкубаторы, посмотрите, — посоветовала одна женщина.

— А что такое инкубатор? — поинтересовался Серёжа.

— Инкубатор — это прибор для выведения птенцов, — ответил папа.

А мама объяснила:

— Чтобы цыплята вылупились из яиц, мама-курица должна высиживать яйца: постоянно сидеть на них и согревать их своими крыльями. Если яйца не согревать, цыплята из них не вылупятся. Некоторые куры только несут яйца, но не высиживают. Чтобы цыплята не погибли, люди придумали инкубатор. В нём специально поддерживают такую же температуру, как под крылья мамы-курицы. И если положить в инкубатор только что снесённые яйца, из них через некоторое время вылупятся цыплята.

Серёжа хотел подробнее расспросить маму про инкубатор, но тут папа увидел тётю Зину. Она уже спешила им навстречу, радостно улыбаясь. Увидев Серёжу, приподняла его и покружила, расцеловала в обе щеки.

— Какой ты стал большой! — воскликнула она. — Ты меня помнишь?

— Нет, не помню, — признался Серёжа.

— Я приезжала к вам два года назад, но ты тогда был ещё совсем маленьким, вот поэтому и не помнишь меня, — сказала тётя Зина.

— Мама, я не понял, как инкубатор может вместо курицы высидеть цыплят, — сказал Серёжа.

Тётя Зина услышала его вопрос и предложила пойти и посмотреть на инкубатор собственными глазами. Она привела Серёжу в помещение, где было множество небольших ящичков со стеклянными дверцами. Внутри горел свет. Серёжа заглянул через стекло и увидел яйца.

— Это и есть инкубаторы, — объяснила тётя Зина. — В них находятся обогреватели, которые поддерживают такую температуру, чтобы птенцы вылупились из яиц. Вот термометр, — показала тётя Зина, и Серёжа увидел прикреплённый к стеклу инкубатора термометр.

— Работник, наблюдающий за инкубаторами, внимательно следит за температурой, чтобы она была такая, как положено, — продолжала объяснять тётя. — Ведь если воздух в инкубаторе перегреется или, наоборот, не согреется до нужной температуры, то цыплята не вылупятся.

— А сколько надо ждать, чтобы они вылупились? — спросил Серёжа.

— Примерно три недели, — ответила тётя Зина.

— А что будет, когда они вылупятся? — снова спросил Серёжа.

— Работник, наблюдающий за инкубаторами, точно знает, в какой день должны появиться цыплята. В этот день он особо внимателен и часто проверяет инкубатор. Как только он замечает первого вылупившегося цыплёнка, он забирает его и переносит в другую клетку, где уже есть вода и еда. Но цыплёнок слишком мал, он ещё не может сам пить. Человек берёт его в руки, макает клювиком в воду и поднимает головку цыплёнка кверху, чтобы он проглотил каплю. Когда меня к вам позвали, я как раз занималась тем, что пересаживала вылупившихся цыплят из инкубатора в другую клетку и поила их водой, — сказала тётя Зина.

— Ух ты! — воскликнул Серёжа. — У вас самая интересная работа в мире! Вот бы мне тоже разводить цыплят!

Тётя Зина открыла клетку с цыплятами и дала Серёже подержать одного из них. А потом показала ему, как поить только что появившихся на свет цыплят водой.

— Когда подрастёшь, приедешь ко мне в гости и поможешь работать с цыплятами, — сказала тётя Зина.

Потом отвела Серёжу назад к маме и папе. Они уже ждали возле машины. Все вместе поехали домой к тёте Зине, ведь с дороги все были уставшие.

ОТКУДА БЕРЁТСЯ ХЛЕБ

Папа, мама, тётя Зина и Серёжа сели в машину. Тётя Зина говорит:

— Давайте проедем через пшеничное поле, там работает мой муж. Он так обрадуется, узнав, что у нас гости.

Серёже нравится смотреть на пшеничное поле — оно очень красивое. Высокие жёлтые колосья качаются на ветру, и кажется, словно всё поле движется. Но вот Серёжа видит, как вдалеке едет большая красная машина, оставляя за собой полосу срезанных колосьев. Рядом с ней грузовик.

— Смотрите! — кричит Серёжа. — Машины на поле заехали и колоски помяли!

Но тётя Зина объясняет:

— Эта машина называется комбайн. Он ездит по полю, чтобы собрать урожай.

— А как это — собрать урожай? — интересуется Серёжа.

— Это значит срезать колосья и отделить зёрна, — объясняет тётя Зина. — Видишь, впереди у комбайна ножи, они срезают колоски. Внутри есть молотилка, она вычищает зёрна из колосьев. Наверху — труба, через неё зёрна пшеницы сыплются в кузов грузовой машины, которая едет рядом. Знаешь, что делают из зёрен? — спрашивает тётя Зина.

В наши дни

Раньше

— Я знал, но уже забыл, — признаётся Серёжа.

— Зёрна отвозят на мельницу, там из них делают муку. Затем муку везут на хлебозавод или в пекарню. Добавляют в неё воду, сахар, соль, дрожжи и замешивают тесто. А из теста выпекают вкусный хлеб, блины, булочки.

Папа остановил машину. Все вышли и направились к комбайну. Когда подошли ближе, Серёжа всё хорошенько рассмотрел: и как комбайн срезает колосья, и как зёрна сыплются из трубы в кузов грузовой машины. Грузовик едет медленно, очень близко к комбайну, чтобы зёрна не падали на землю, а попадали точно в кузов.

Тётя Зина громко закричала водителю комбайна и замахала руками, подавая ему знак. Оказалось, что комбайнёр — это и есть её муж, дядя Ваня.

Серёже показалось, что управлять комбайном очень интересно.

— Когда вырасту, я тоже хочу на комбайне урожай собирать!

— Эта работа приносит пользу людям, — объясняет мама. — Когда мы хотим поесть хлеб, что мы делаем, где его берём?

— Идём в магазин и покупаем, — отвечает Серёжа.

— Правильно, — подтверждает мама. — Так легко купить хлеб в магазине! И редко кто задумывается, сколько труда вложено в хлеб. Чтобы выросли пшеничные колосья, сначала нужно посеять семена пшеницы в землю. Для этого землю надо вспахать плугом, взрыхлить её большими железными зубьями — бороной. Взрыхлённая земля — мягкая, семя пускает в ней корешок, и вырастает колос. Сейчас плуг и борону крепят к трактору, а раньше, когда тракторов не было, привязывали к лошади. И комбайнов раньше тоже не было. Тогда люди косили колосья вручную — косой. Это было тяжело и не так быстро.

— А после того, как посеяли семена во вспаханную землю, нужно позаботиться о том, чтобы колосья выросли большими, и чтобы птицы не склевали семена, и чтобы мыши их не поели. Люди ухаживают за пшеницей, оберегают её. Затем собирают урожай. Как собирают, знаешь? — спрашивает мама.

— С помощью комбайна, — отвечает Серёжа.

— И что делают из зёрен? — снова спрашивает мама.

— Муку, из муки — тесто, из теста выпекают хлеб и развозят его по магазинам.

— И поэтому люди могут купить горячий, с хрустящей корочкой, ароматный свежий хлеб, — говорит мама.

— А я и не знал, что на хлеб столько времени уходит, — говорит Серёжа.

— И не только много времени, но и много людей принимает участие в этой работе: и те, кто выращивает колосья, собирает урожай, и те, кто муку делает, выпекает хлеб, продаёт его, — рассказывает мама. — Вот почему нельзя выбросить даже корочку хлеба, ведь в хлеб вложено столько человеческого труда! В древности хлеб считали священным. Если его случайно роняли на пол, то старались поднять как можно скорее и целовали. Вот как уважали хлеб!

Серёже понравилось гостить у тёти Зины и дяди Вани. У них столько животных во дворе: и кролики, и куры с цыплятами, и собака в будке на улице, а в доме — рыжий кот.

Серёжа помогал тёте Зине кормить кур и кроликов. Он подружился с собакой Полканом, а кот мурлыкал ему, выгибая рыжую спину дугой.

Серёжа остался бы погостить у тёти Зины подольше, но папа с мамой сказали, что завтра — последний день. Сходят в лес по грибы и продолжат путешествие. Серёжа ещё никогда не ходил по грибы, поэтому он с нетерпением ждал следующего дня. Он даже заснуть никак не мог, всё ворочался с боку на бок, думал, как он завтра грибы искать будет, найдёт ли, да какие, а вдруг не найдёт...

В ЛЕС ПО ГРИБЫ

Наступило утро. Только мама собралась будить Серёжу, он сам проснулся и сел в кровати.

— Что, уже утро? — спросил он. — По грибы идём?

Мама улыбнулась.

— Подожди, — говорит, — давай сначала позавтракаем.

После завтрака тётя Зина достала корзинки, и все вместе отправились в лес. Дядя Ваня знает все тропинки в лесу, поэтому идёт первым, а остальные за ним. У Серёжи глаз зоркий, он быстро заметил грибы под кустом.

— Смотрите, я грибы нашёл!

— Ну-ка, дай поглядеть, — дядя Ваня сел на корточки, чтобы рассмотреть грибы. — Они несъедобные, называются «поганки». Название означает, что гриб нехороший — поганый. Его нельзя есть, отравишься.

Серёжа и раньше знал, что среди грибов встречаются ядовитые, например, мухомор. Его легко отличить от других грибов: у мухомора шляпка красная в белый горошек. Его ни с чем не спутаешь! Но оказалось, что в лесу есть и другие ядовитые грибы.

У дяди Вани уже полкорзинки грибов, а у Серёжи до сих пор ни одного. Но постепенно и его корзинка наполнилась съедобными грибами. Серёжа хорошо запомнил, как выглядят белые грибы и лисички. И ничего, что грибов у него меньше, чем у других, зато он их сам нашёл!

— Осторожно, здесь крапива! — предупреждает папа.

Серёжа знает: крапива — это трава, она жжёт того, кто к ней прикасается. Там, где она коснётся человеческой кожи, появляются маленькие белые волдыри, которые чешутся. Через какое-то время они исчезают сами по себе.

Ну вот, у всех полные корзины грибов. Серёжа почувствовал, как сильно проголодался. Прогулка по лесу и свежий воздух разбудили в нём хо-

Ядовитые грибы

мухомор   бледная поганка

Съедобные грибы

белый гриб (боровик)   лисички   опята   подберезовик

роший аппетит. Когда вернулись домой, мама с тётей Зиной пожарили грибы, накрыли на стол. Это был самый вкусный ужин на свете! Оказывается, очень вкусно есть то, что собирал собственными руками.

Утром Серёжа, мама и папа попрощались с тётей Зиной и дядей Ваней, сели в машину и отправились путешествовать дальше.

СТАРЫЕ ИГРУШКИ

Мама затеяла генеральную уборку. Генеральную — значит, очень большую: не только пропылесосить в комнатах, но и вынуть всякую всячину из шкафов и кладовки и решить, что выбросить, а что оставить.

Вот мама выносит из кладовки коробку со старыми Серёжиными игрушками.

— Эти игрушки нам больше не нужны, — говорит она. — Надо придумать, что с ними делать.

Серёжа, увидев коробку, обрадовался и стал вынимать из неё игрушки.

— Мама, что это? Я такую игрушку не помню, — говорит он.

— Это подвесная вертушка. Она висела над твоей кроваткой, когда ты только родился, — отвечает мама. — Ты не можешь её помнить, ты тогда был совсем маленьким, ещё не умел садиться, вставать, ходить и говорить.

— А это моя погремушка! — Серёжа показывает её маме. — Когда я плакал, ты ею трясла и погремушка звенела. Тогда я смотрел на неё и забывал, что хочу плакать.

— Ой, мама, смотри, это же моя соска! — снова кричит Серёжа, обнаружив в игрушках свою старую пустышку. Он сразу же сует её в рот, а мама смеётся:

— Серёжа, разве ты маленький? Тебе же скоро пять лет будет! Такой большой мальчик выглядит с соской очень смешно.

— А давай представим, что я маленький, — говорит Серёжа. — Заверни меня в одеяльце, а я буду соску сосать.

Мама смеётся, но соглашается. Она заворачивает Серёжу в одеяло и перевязывает его своим поясом от халата. Серёжа понарошку плачет. Мама даёт ему пустышку и трясёт над ним погремушкой.

— Не плачь, Серёженька. Скоро вырастешь, научишься ходить и говорить, — успокаивает мама сыночка, тоже понарошку.

— И вдруг я как вырасту! — кричит Серёжа. Он выплёвывает пустышку, и она улетает куда-то под стол. А сам Серёжа выпрыгивает из одеяла и начинает вприпрыжку бегать вокруг мамы и смеяться.

— Вот это да! — мама тоже смеётся. — Как быстро дети растут!

— Мама, повесь над моей кроваткой вертушку, — просит Серёжа.

— Что ты, вертушка нужна тем малышам, которые ещё ходить не умеют! — отвечает мама. — Представь себе, придут к тебе в гости Андрюша и Саша, а у тебя над кроваткой вертушка для малышей. Вот смеху будет!

— Ну мама, ну повесь! — настаивает Серёжа.

— Не могу, её не к чему прицепить, — говорит мама. — Ведь раньше у тебя была кроватка для новорождённых — с высокими бортиками, чтобы ты не упал. За перила кроватки и крепилась вертушка. А сейчас у тебя кровать для больших деток, потому что ты вырос. У неё нет перил.

— Ну и ладно, — говорит Серёжа и возвращается к коробке со старыми игрушками.

Вот Серёжина пирамидка. А вот автобус. Он не ездит, его колёса давно не крутятся. Зато если нажать на кнопочку — раздастся сигнал, нажать на другую — загудит мотор, на третью — заиграет музыка. А это уточка. Серёжа потянул за шнурок, и уточка поехала за ним на колёсиках, смешно расправляя крылья и крякая. Серёжа играет, а мама тихонько посмеивается.

Как ты думаешь, почему?

СЕРЁЖА ИДЁТ В ТЕАТР

Папа, мама и Серёжа пришли в театр. Там собралось много мальчиков и девочек со своими родителями. Прозвенел звонок.

— Первый звонок означает, что пора проходить в зрительный зал, — объясняет мама. — Всего должно быть три звонка. После третьего начинается спектакль.

У Серёжи в руках билеты. Он показал их билетёрше и прошёл в зал вместе с мамой и папой. В зрительном зале много кресел, чтобы все зрители могли удобно разместиться. На билетах указан номер ряда и номер места. Серёжа смотрит на цифры в своём билете и ищет третий ряд.

— Мама, вот третий ряд, а вон там наши места: пятое, шестое и седьмое, — сообщает он.

Но в начале ряда уже сидят люди, Серёже нужно пройти мимо них. Ряд узкий, и проходить неудобно.

— Извините, можно пройти? — вежливо обращается мама к сидящим.

— Пожалуйста, — отвечает тётя и поднимается со своего кресла, чтобы папе и маме было удобно добраться до своих мест.

Серёжа хотел повернуться к тёте спиной, но папа его остановил.

— Проходить по ряду нужно лицом к людям, поворачиваться к ним спиной — некрасиво, — шепнул он Серёже на ушко.

Серёжа сел на своё место и смотрит на сцену. Она закрыта занавесом, потому что спектакль ещё не начался. Серёжа ест своё любимое печенье.

— Во время спектакля нельзя шуметь, — предупреждает мама. — На сцене играют актёры. Они покажут нам сказку про Дюймовочку. Но если зрители разговаривают, актёрам это мешает, а другим людям не слышно, что говорится на сцене. Поэтому сидеть нужно тихо, не разговаривать, не жевать и никому не мешать.

— Хорошо, — отвечает Серёжа. — Когда начнётся спектакль, я отдам тебе своё печенье.

Вот и прозвенел третий звонок. Свет в зале погас, занавес поднялся. Начался спектакль. Серёжа отдал маме печенье, которое не успел доесть, и сразу же забыл о нём, потому что спектакль оказался очень интересным.

Сказка ещё не закончилась, но вдруг актёры ушли со сцены за кулисы. «За кулисы» — это значит, они пошли за сцену, туда, где зрители их не видят. В это время кто-то объявил в микрофон: «Антракт!»

— А что такое «антракт»? — спрашивает Серёжа.

— Так называется перерыв во время театрального представления, — объясняет мама. — Во время антракта работает буфет, там можно купить что-нибудь вкусненькое.

Серёже хочется пойти в буфет и посмотреть, что там продаётся.

Как только он подкрепился, прозвенел первый звонок. Значит, антракт окончен, зрителей приглашают вернуться в зрительный зал. Серёжа садится на своё место, но рядом с ним останавливаются люди, они хотят пройти к своим местам. Тогда Серёжа поднимается и даёт пройти.

— Пожалуйста, — говорит он; люди благодарят и проходят дальше по ряду.

— Молодец, Серёжа, ты воспитанный мальчик, — хвалит папа. И маме тоже приятно, она улыбается и подмигивает Серёже.

Когда спектакль закончился, зрители начали аплодировать. Аплодировать — значит хлопать в ладоши. Одни люди дарили актёрам цветы, а другие кричали: «Браво!»

— Зачем они кричат? Разве это вежливо? — удивляется Серёжа.

— «Браво» — итальянское слово, оно означает «Молодец! Здорово! Отлично!» Зрители кричат «браво!», когда довольны спектаклем, — объясняет мама. — С помощью этого слова, аплодисментов и цветов зрители выражают свою благодарность за спектакль.

ПОЗИТИВНЫЙ НАСТРОЙ

Серёжа катается во дворе на двухколёсном велосипеде. К заднему колесу прицеплены два маленьких колёсика. Они нужны для того, чтобы удерживать равновесие. Все дети сначала ездят с дополнительными колёсиками, а потом, когда научатся управлять велосипедом хорошо, эти колёсики отвинчивают, и дети катаются уже без них.

Серёжа ездит по дорожкам парка. Видит — мимо него девочка проехала на двухколёсном велосипеде, но без маленьких колёсиков.

— А я уже на двухколёсном ездить умею! — радостно сообщила она и умчалась вперёд.

— А я тоже умею, — крикнул ей вслед Серёжа. — Просто мы ещё не успели их снять.

Серёжа подъезжает к папе и говорит:

— Сними с моего велосипеда маленькие колёса. Я буду кататься на двухколёсном, как та девочка.

— Для этого нам придётся вернуться домой, — отвечает папа. — Без гаечного ключа и отвёртки я не смогу их отвинтить.

— Хорошо, — соглашается Серёжа.

Дома папа откручивает маленькие колёса и снова выходит с Серёжей на улицу. Серёжа садится на велосипед, но ехать не получается: велосипед заваливается то на один бок, то на другой. Серёже обидно. Со слезами на глазах он жалуется папе:

— У меня не получается!

— Надо потренироваться, и всё получится, — заверяет папа и помогает Серёже научиться держать равновесие. Но Серёже не хочется тренироваться. Он нетерпелив.

— Идём домой, снова прикрутим маленькие колёсики! — просит он.

— Постой, давай сначала потренируемся. Без тренировок у многих детей не получается. Наберись терпения, — советует папа.

Но Серёжа не слушает, он расстроен и не хочет больше ездить на таком велосипеде.

— Тогда идём домой, — говорит папа.

Дома мама предлагает сначала поесть и только потом снова заняться колёсами и идти во двор. Но Серёжа отказывается от еды, он

70

требует немедленно прикрутить маленькие колёсики и сразу пойти на улицу.

— Прикрути колёса, прикрути, — повторяет он без конца капризным голосом.

— Серёжа, пожалей своего папу, — просит мама. — Он все твои просьбы выполняет: и в парке с тобой погулял, и колёсики открутил, и снова во двор с тобой вышел, помогал тебе учиться кататься на двухколёсном велосипеде. Теперь папа хочет пообедать. Выполни и ты его просьбу — позволь ему поесть и отдохнуть.

Папа и мама обедают, а Серёжа сидит с сердитым выражением лица и твердит:

— Ну папа, ну прикрути-и-и… У меня никогда не получится ездить на двухколёсном!

— Конечно, не получится, если будешь так относиться к делу. Чтобы чему-то научиться, нужен позитивный настрой, — отвечает мама.

— Какой ещё настрой? — обиженно спрашивает Серёжа.

— Бывает настрой негативный (плохой), а бывает — позитивный (хороший), — объясняет мама. — Негативный — это когда человек не верит в успех. Он всё время твердит: «у меня не получится, не получится» — и правда: у него ничего не выходит! Позитивный настрой, наоборот, помогает чему-то научиться. Но чтобы настроиться на позитивный лад, в первую очередь надо накормить свой организм и дать ему отдохнуть. Тогда у тебя прибавится сил и появится настроение.

После этого пообещай себе больше не ныть и не жаловаться. Скажи: «У меня всё получится! Я буду пробовать до тех пор, пока не научусь». Проявляй терпение и настойчивость: прикладывай усилия, старайся, тренируйся без жалоб и нытья.

— Точно, точно! — подхватил папа. — Мне тоже позитивный настрой много раз помогал достигнуть цели! Когда-то у меня не получалось кататься на роликах, и я очень расстраивался. А потом собрал волю в кулак, стал терпеливо учиться — и всё получилось!

— Ну-ка поешь! — говорит мама и ставит перед Серёжей тарелку. — Это необходимо для позитивного настроя. Организм получит энергию и витамины, ты успокоишься, а твои движения станут более точными и ловкими. Вот тогда у тебя всё получится!

— Ладно, — соглашается Серёжа, — накормлю свой организм, — он берёт ложку и начинает есть.

— Вот это разумный подход, правильно, — радуются папа с мамой.

Как только Серёжа съел всё, что было в тарелке, сразу почувствовал себя лучше. Он сделал небольшой перерыв — сам отдохнул и дал отдохнуть папе. А потом они снова пошли на улицу, и Серёжа попробовал ездить на двухколёсном велосипеде. На этот раз он не жаловался и не причитал, внимательно слушал папины советы и старался им следовать. А когда у Серёжи не получалось, он твердил: «Ничего! Всё равно научусь!» Он даже упал два раза, но не плакал и пробовал снова.

И, наконец, после нескольких попыток у него получилось проехать целый круг без папиной помощи! А вот и девочка на двухколёсном велосипеде.

— Привет! — кричит ей Серёжа. — Смотри, я тоже умею на двухколёсном, я же говорил!

Серёжа и девочка вместе едут по дорожке парка. Они оба хорошо катаются на двухколёсных велосипедах, им весело.

Молодец, Серёжа, настроился на позитивный лад — и научился кататься на двухколёсном велосипеде!

СЕРЁЖА ВЗРОСЛЕЕТ

На улице дождь. Чтобы не скучать дома одному, Серёжа пригласил в гости Андрюшу и Сашу. Они должны прийти к трём часам дня. А пока Серёжа ходит хвостиком за мамой и никак не может дождаться своих друзей.

— Мама, ну когда же они придут? — постоянно спрашивает он.

— Скоро, — отвечает мама. — А пока не пришли, нужно привести в порядок себя и свою комнату. Надень чистую одежду, причешись, разложи вещи по местам. И не разгуливай по дому без штанов, вдруг в дверь позвонят, а ты в трусах, — предупреждает мама.

— А что, перед гостями нельзя в трусах ходить? — удивляется Серёжа.

— Конечно, нельзя. Это неприлично, — говорит мама.

— Дзынь! — звонок в дверь.

— Ну, вот и гости, а ты всё ещё в трусах. Беги скорее, надень штаны, — просит мама.

Серёжа побежал одеваться, а мама впустила Сашу и Андрюшу.

— А вот и я! — кричит Серёжа. — Я штаны надевал, потому что в трусах ходил. А когда звонок услышал, побежал одеваться, — сообщает он.

— Зачем же ты всем рассказываешь о том, что в трусах ходил? — удивляется мама. — Не сообщай такие подробности, это неприлично. Взрослые так не делают. Разве тебе рассказать больше не о чем?

— Есть о чём! — восклицает Серёжа и обращается к Саше и Андрюше: — Смотрите, как я бегать умею! — и Серёжа быстро-быстро рванул в свою комнату. Саша и Андрюша побежали за ним. Там Серёжа достал коробку с игрушками, и мальчики затеяли игру. А мама занялась своими делами. И вдруг Серёжа кричит из комнаты:

— Мама, я иду в туалет!

— Иди, — отвечает мама, — а зачем ты мне об этом сообщаешь?

73

— Не знаю, — говорит Серёжа.

Тогда мама приходит к нему и говорит:

— А я, кажется, знаю, почему. Когда ребёнок маленький, он не умеет сам, без мамы, справиться со своими делами в туалете. Тогда он сообщает маме о том, что хочет в туалет, и она ему помогает снять штанишки, сесть на горшок, а после — одеться. Потом ребёнок подрастает, и у него уже получается самостоятельно снимать и надевать штанишки, мыть руки после туалета, выключать свет. Больше ему мамина помощь не нужна. Но по привычке он зовёт её, когда идёт в туалет. Вот и ты, Серёжа, уже вырос, умеешь справиться без мамы, а привычка сообщать мне, что идёшь в туалет, осталась.

— Вот почему! А я и сам не знал, зачем тебя зову, думал, так надо, — говорит Серёжа.

— Больше не надо, — отвечает мама. — Вспомни, разве ты когда-нибудь слышал, чтобы я или папа на всю квартиру кричали: «Серёжа, я пошла в туалет»?

Серёжа смеётся. И правда: взрослые так не делают.

— Ты взрослеешь, Серёжа. Учись поступать, как взрослые.

— И я взрослею, — говорит Саша. — Мне уже скоро пять лет, и я не говорю маме, когда иду в туалет.

— И я! — подхватывает Андрюша.

— Какие вы молодцы! И правда, взрослеете, — радуется мама.

Мальчики снова идут в Серёжину комнату и продолжают строить мосты и дороги для машин. А мама возвращается к своим делам.

Но вскоре раздаётся звонок в дверь. Это родители Саши и Андрюши пришли за своими детками.

— Мама, почему так быстро время прошло? — удивляется Серёжа. — Мы же только начали играть!

— Это так кажется, потому что вам интересно, — объясняет мама. — Так всегда бывает: если человеку хорошо, время пролетает быстро.

Саша и Андрюша ушли домой. Мама заглянула в Серёжину комнату, а там такой беспорядок! Все игрушки разбросаны.

— Собери игрушки, — просит она.

— Не хочу, — отвечает Серёжа.

— Я тоже многое делать не хочу, а надо! — говорит мама. — Вот представь, придёт папа с работы, попросит кушать, а я отвечу: «Ничего не приготовила и не буду, потому что не хочу»; попросишь ты у меня своё любимое печенье, а я скажу: «Оно закончилось, а новое покупать не хочу». Тебе понравится такой ответ? — спрашивает мама.

— Совсем не понравится, — признаётся Серёжа. Он нехотя начинает собирать игрушки в коробку. — А почему я должен убирать? — возмущается он.

— Потому что это твоя комната, твои игрушки, это ты играл, — объясняет мама.

— Но я же не один играл, а с Сашей и Андрюшей. Вот если бы я попросил их помочь собрать игрушки, они бы согласились? — спрашивает Серёжа.

— Думаю, согласились бы, — отвечает мама. — Это было бы по-честному: вместе играли — вместе убираете. И ты, Серёжа, если пойдёшь в гости к другу, перед тем, как уйти домой, помоги ему сложить игрушки на место. Это по-товарищески.

— Мама, давай Сашу и Андрюшу назад позовём, игрушки складывать, — предлагает Серёжа.

— Нет, это будет некрасиво. Ты же с ними уже попрощался. Сегодня ты освободил своих друзей от уборки, и они рады. Пусть им будет хорошо. Но, если ты устал, я помогу тебе навести порядок. Ты же мне помогал посуду со стола убирать, — говорит мама и начинает складывать Серёжины игрушки в коробку. Мама и Серёжа тоже товарищи. Они поступают по-товарищески: Серёжа помогает маме, а мама — Серёже.

«ТЫ» И «ВЫ»

— Серёжа, **ты** не замёрз? — спрашивает мама.

— Мама, **ты** скоро пойдёшь со мной в парк? — спрашивает Серёжа маму.

Мама говорит Серёже «**ты**». И Серёжа говорит маме «**ты**».

Но если Серёжа и мама на улице встречают кого-нибудь из взрослых, мама говорит «**Вы**».

— **Вы** не заболели? — спрашивает она соседку тётю Таню.

— Нет, но я очень расстроена, — отвечает та.

— Почему **Вы** расстроены?

— У меня пропал кот. **Вы** его не видели? — спрашивает соседка. (Она тоже говорит Серёжиной маме «**Вы**»).

— Нет, не видела, — отвечает мама. — Но если увижу, постараюсь поймать его и принести **Вам**.

— Почему ты говорила ей «**Вы**»? — спрашивает Серёжа.

— Потому что таковы правила вежливости, — объясняет мама. — Воспитанные люди говорят «**Вы**» всем незнакомым, малознакомым и тем, кто старше. Тётя Таня старше меня, к тому же я мало её знаю. Вот потому я обращаюсь к ней на «**Вы**».

— Почему же тогда я говорю своей бабушке «**ты**»? Ведь она тоже старше меня и даже старше тебя, мама, — удивляется Серёжа.

— Потому что к своим самым близким людям мы обращаемся на «**ты**», — объясняет мама. — «Папа, **ты** спишь?», «Бабушка, **ты** к нам придёшь?», «Мама, **ты** меня слышишь?» — говоришь ты своим близким родственникам. Но когда на улице обращаешься к прохожим, надо говорить «**Вы**». Например: «Извините, **Вы** не подскажете, где находится такая-то улица?» Если ты нечаянно кого-нибудь заденешь или наступишь кому-нибудь на ногу, то скажешь этому человеку «извините», тоже обращаясь к нему на «**Вы**». «**Вы**» говорят воспитательнице, учительнице, врачу. Когда к нам с папой приходят в гости взрослые, ты также должен обращаться к ним на «**Вы**», — объясняет мама. — По правилам вежливости дети обращаются к взрослым на «**Вы**».

— Но своим друзьям я же могу говорить «**ты**», правда? — спрашивает Серёжа.

— Конечно, — подтверждает мама. — Друзья — это тоже близкие люди. К друзьям обращаются на «**ты**».

У СИМБЫ НОВЫЙ ХОЗЯИН

Наступили мартовские каникулы. Папа и мама объявили Серёже о том, что они все вместе отправляются в путешествие в другую страну.

— Мама, я возьму с собой львёнка Симбу, — говорит Серёжа.

— Как хочешь, — отвечает мама. — Я думала, что в эту поездку ты его не возьмёшь. Ведь ты вырос и повзрослел. Уже давно не берёшь Симбу в кроватку, да и на улице гуляешь без него. Он всё чаще сидит на полке. Ты уверен, что хочешь взять его в путешествие?

— Уверен! — отвечает Серёжа. — Он же мой друг, пусть тоже путешествует!

Серёжа посадил Симбу в свой рюкзак так, чтобы тот мог наблюдать за происходящим, чуть выглядывая оттуда.

Дорога в другую страну была долгой. Целую ночь Серёжа летел в самолёте. Он спал, подложив своего верного друга Симбу под голову вместо подушки.

Отпуск начался хорошо, весело! Серёжа подружился с ребятами — соседями по гостинице. В той стране, куда он приехал, было уже тепло. Ещё вчера Серёжа ходил в тёплой куртке и сапожках, а сегодня на нём только плавки и кепка. Серёжа купается в бассейне на открытом воздухе! Он не берёт с собой Симбу, ему весело и так. А Симба сидит в комнате и улыбкой встречает своего хозяина. Серёжа очень вырос и изменился. А Симба помнит, с чего началась их дружба — маленький кудрявый мальчик схватил его с полки магазина, где сидели другие мягкие игрушки: обезьянки, медвежата, собачки. Среди всех Серёжа выбрал именно львёнка и сказал маме, что его зовут Симба и отныне он — Серёжин друг. С тех пор Серёжа не расставался с Симбой надолго. Даже когда пошёл в детский сад. Сначала он носил с собой Симбу в садик каждый день. Там Симба помогал своему маленькому хозяину не скучать по маме и папе. Но потом Серёжа ещё подрос и брал Симбу в садик реже. Ведь теперь у него появились друзья, и он всё чаще играл с ними. Когда Серёжа вернулся в детский сад после летних каникул, он по привычке захватил с собой Симбу. Но воспитательница сказала, что за лето дети выросли и теперь им уже не надо приносить с собой мягкие игрушки. «Пусть они ждут вас дома», — сказала она. С тех пор Серёжа и на улицу выходил без Симбы. Лишь по вечерам, перед тем, как отправиться спать, он иногда желал львёнку спокойной ночи, мог обнять его или положить рядом с собой.

Серёжа больше не играл с Симбой, но всегда помнил о нём и относился к нему с нежностью. Потом Серёжа ещё больше подрос и уже стал готовиться к школе. Вскоре он станет школьником — пойдёт в первый класс! Но львёнку немного грустно оттого, что Серёжа больше не нуждается в нём, как раньше. И всё-таки он рад, ведь его Серёжа стал таким большим и смелым! Он уже не боится засыпать один в тёмной комнате, не берёт с собой в кроватку Симбу, не зовёт папу и маму, не плачет по ночам. Вот почему Симба рад за Серёжу!

Собираясь на улицу, Серёжа ищет свою летающую тарелку — фрисби — и случайно натыкается взглядом на Симбу. Тут же решает взять его с собой. Хватает в одну руку фрисби, в другую — Симбу и спускается на лифте в холл гостиницы. В ожидании своих друзей Серёжа сажает в кресло Симбу и садится сам. Тут появляются его товарищи, и Серёжа вскакивает с места. В одной руке он держит фрисби, другой — машет друзьям, позабыв о львёнке. И вот Серёжа выходит на улицу без Симбы, тот остаётся сидеть в большом кресле…

Серёжа ушёл, а в холле появилась маленькая девочка, которая громко плачет и кричит: «Не хочу-у-у! Не пойду-у-у!» А мама её уговаривает:

— Лиза, я прошу тебя успокоиться. Зачем же ты кричишь? Все люди должны завтракать. У того, кто не ест, нет сил играть, ходить, улыбаться. Вот ты не завтракала, потому и плачешь. У тебя нет сил на улыбку.

— Всё равно не буду! Я потом поем, — хнычет маленькая Лиза.

Мама убеждает:

— Мы не дома, а в гостинице, время завтрака скоро закончится, и тебе придётся ходить голодной до обеда. Надо позавтракать сейчас.

Но девочка ничего не хочет слушать.

И тут Лиза залезает на кресло, где сидит Серёжин Симба. Увидев игрушечного львёнка, Лиза перестаёт плакать, глаза её радостно расширяются от удивления, и она, схватив Симбу, прижимает его к себе! Девочка подносит львёнка к лицу и вытирает его шёрсткой свои слёзки, как когда-то это делал Серёжа.

Лизина мама оглядывается по сторонам в поисках других детей. Ведь ясно, что львёнок — чья-то игрушка. Кто-то забыл его здесь. Но Серёжа давно играет с друзьями на улице, а других детей в холле нет. Тогда Лизина мама спрашивает тётю-администратора, сидящую за стойкой, не знает ли она, кто из детей забыл игрушку. Но администратор ничего не знает, а Лиза наотрез отказывается расстаться с Симбой. Она даже соглашается покушать, если львёнок будет рядом. И маме ничего не остаётся, как увести дочку на завтрак с Симбой в руках.

Но посмотрите: Симба счастлив! Он снова стал нужным: его кормят и обнимают, с ним разговаривают, играют и прижимают к сердцу.

А тем временем Серёжа играет с друзьями и даже не подозревает о том, что потерял своего любимого Симбу. Серёжа вспомнил о нём лишь на следующий день, когда укладывал чемодан для возвращения домой. К этому времени он совсем позабыл о том, что оставил Симбу в кресле. Серёжа пытается отыскать Симбу в комнате: заглядывает под стол, под кровать, за штору. Но Симбы нигде нет. Вдруг он вспоминает: Симба внизу, в холле!

— Мама, я вспомнил, где Симба! Скорее вниз! — и он бросается к лифту. Мама спешит следом за ним. Но Симбы нигде нет. Серёжа ищет его повсюду. Слёзы подступили к глазам, он уже готов разрыдаться, но мама предлагает спросить администратора:

— Она принимает и провожает отдыхающих, следит за порядком. Возможно, она что-нибудь знает о твоём Симбе.

Но за стойкой сейчас совсем другая тётя, не та, что работала вчера. Она ничего не знает о девочке Лизе и о найденной ею игрушке. Не знает и о том, что Лиза живёт в той же гостинице, этажом ниже, и повсюду носит с собою Симбу. Администратор ничем не может помочь Серёже.

Все попытки разыскать Симбу не увенчались успехом. Серёжа расстроился так сильно, что даже заявил: «Без Симбы домой не поеду!»

— Как же я без него? Он мой друг! Он всегда был рядом: в самолёте и в машине был мне подушкой. Когда мне становилось скучно, он был игрушкой; когда я плакал — он утешал меня; когда боялся спать — охранял мой сон. Как же я могу его бросить? — говорит Серёжа и смотрит на маму глазами, полными слёз. — Я потерял своего Симбу! Я плохой? — спрашивает он.

— Нет, конечно, ты не плохой! — отвечает мама. — Так всегда случается со старыми игрушками, даже с самыми любимыми. Маленький ребёнок всюду носит любимую игрушку с собой, а потом вырастает и нуждается в ней меньше, чем раньше. Со временем он совсем перестаёт ею играть. Ну, представь себе, если бы я везде ходила в обнимку со своей старой куклой или папа носил бы на работу своего мишку. Как бы это выглядело?

Серёжа улыбается сквозь слёзы. И правда, это было бы странно.

— Куда же тогда деваются старые любимые игрушки? — спрашивает он.

— Сначала они долго сидят без надобности в комнате на полках. Потом их кладут в коробку к старым ненужным вещам и забывают о них. Но иногда старые игрушки отдают другим детям. И это хорошо. Ведь мягкая игрушка очень нужна малышу! Я просто уверена, твой Симба попал в хорошие руки, — говорит мама. — Какой-то ребёнок заметил его в кресле и забрал себе. Я даже думаю, что Симбе это понравилось. Ведь ты в последнее время почти не играл с ним, а малыш будет с ним играть, кормить с ложечки, как когда-то это делал ты, и засыпать с ним в обнимку. И Симбе снова будет весело и хорошо! — объясняет мама.

Серёжа чувствует, что от маминых слов на сердце становится легче. И правда: почему Симбу не оставили сидеть в том же кресле? Почему не отдали на стойку администратора для поиска хозяина? Значит, он кому-то очень нужен! Мама права: Симбу забрал какой-то малыш.

— Нам пора ехать, — напоминает папа. Он уже вынес чемоданы и погрузил их в багажник такси.

— В нашу комнату после обеда поселятся другие люди, — говорит мама. — Пора возвращаться домой.

Делать нечего! Серёжа соглашается ехать. Если Симба попал в добрые руки, то пусть остаётся с другим малышом. Лишь бы ему было хорошо!

— Мама, но ведь ему хорошо, правда? — с надеждой в голосе спрашивает Серёжа.

— Конечно, хорошо. Кто-то так полюбил твоего Симбу, что не захотел его вернуть, — говорит мама.

— Ну, раз Симбу любят, тогда я могу ехать домой, — рассуждает Серёжа.

Проходя через холл, он внимательно смотрит по сторонам в надежде увидеть своего Симбу, хоть разочек, хоть одним глазком на руках у какого-нибудь малыша или малышки. Но Лиза ещё на прогулке. Она держит Симбу на руках. Ведь с тех пор, как нашла его, полюбила всем сердцем и теперь не расстаётся с ним ни на минутку. А мама радуется: дочка в хорошем настроении, к ней вернулся аппетит. Вот как Симба помогает Лизе!

Серёжа понуро бредёт к выходу и садится в такси, машина отъезжает, и вдруг кто-то громко кричит:

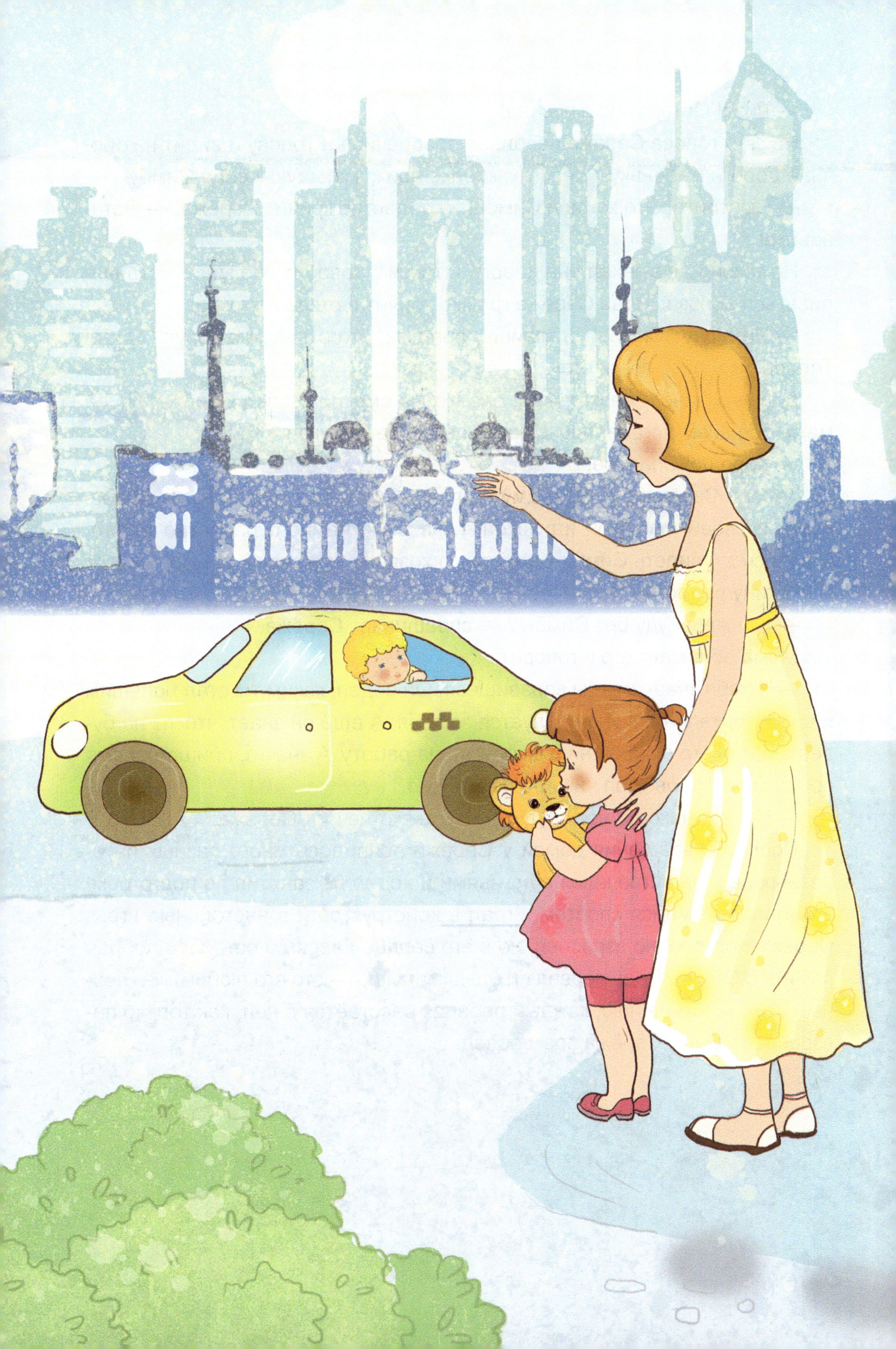

— Лиза! Осторожно, машина!

На звук голоса Серёжа невольно поворачивает голову и видит на обочине дороги маленькую девочку, крепко прижимающую к себе Симбу.

— Смотрите! Это же мой Симба! — радостно кричит Серёжа. — Остановите!

Но такси уже выехало на дорогу, и таксист говорит, что здесь останавливаться нельзя. Тогда Сережа громко кричит в открытое окно:

— Его зовут Симба! Слышишь, девочка, этого львёнка зовут Симба! Теперь он твой. Береги его!

Девочка ничего не отвечает, она молча смотрит вслед Серёже. Но её мама обо всём догадалась. Она машет Серёже рукой и кричит:

— Хорошо! Спасибо!

Теперь Серёжа спокоен. Ему по-прежнему грустно до слёз из-за разлуки со своей любимой игрушкой, но всё же немного радостно оттого, что он смог увидеть Симбу и его новую хозяйку. Однако грусть побеждает Серёжину радость.

— Как же я буду без Симбы? — спрашивает Серёжа.

Мама обнимает его и говорит:

— Симба знает, что ты справишься. Он видел, каким ты стал большим и самостоятельным. И он радуется за тебя. А ещё он знает, что ты не будешь брать его с собой ни в школу, ни на работу. А значит, пришло время прощаться. Но он тебя никогда не забудет.

— И я его никогда не забуду, — грустно отвечает Серёжа.

После возвращения домой у Серёжи появилось много разных интересных дел: он встречался с друзьями и ходил на занятия по подготовке к школе, занимался спортом, играл в конструктор и в настольные игры. Серёжа постепенно взрослел, но в его сердце навсегда осталась добрая память о Симбе. Ведь первая игрушка малыша — это его любимый и верный друг. К сожалению, каждый ребёнок расстаётся с ней, как только повзрослеет. Вот и Серёжа повзрослел.

СОДЕРЖАНИЕ

Как Серёжа не будил папу и маму 4

Как Серёжа победил страх 6

Кто такие микробы 8

Мама заболела 13

Сказка про Фею Смеха 14

Серёжа обознался 18

Обеденный стол 20

Оно само 22

Важное дело 23

Как вести себя за столом 26

Серёжа идёт в библиотеку 27

Воспитанный и невоспитанный 30

Леопардовый Ветрян 32

Игра по правилам 37

Путаница-перепутаница 39

Зрение и слух 42

В гостях у Андрюши 45

Отчего у Серёжи заболела голова 47

Прививка 49

Странный сон 50

В деревне 54

Откуда берётся хлеб 59

В лес по грибы 62

Старые игрушки 64

Серёжа идёт в театр 67
Позитивный настрой 69
Серёжа взрослеет 73
«Ты» и «вы» 76
У Симбы новый хозяин 77

ОКСАНА СТАЗИ — учитель начальных классов, детский писатель и психолог. Работала в группах раннего развития детей, а также с детьми-билингвами в русской школе Парижа.

Оксана — детский писатель, психолог, педагог с многолетним стажем работы. Успешно работает с детьми, консультирует родителей, занимается преподавательской деятельностью. Имеет международную практику: продолжительное время работала во Франции (студия-мастерская русского языка и культуры «Апрелик», Париж).

Оксана вырастила двух сыновей. Один, уже взрослый, другой — подросток, учится в старшем классе. На протяжении более двадцати лет она записывала для себя всё, что подмечала в их поведении. В результате получилась трилогия «Жил-был Серёжа», которую уже оценили читатели, и другие книги. Главные эксперты ее книг, конечно, дети. Они требуют почитать про Серёжу, пытаются ему подражать. По словам многих родителей, книги приходится зачитывать до дыр. Успех обусловлен тем, что истории не придуманные, а реальные.

Получив в 1990 году диплом с присвоением квалификации «учитель начальных классов», Оксана Стази постоянно совершенствует свои знания в области педагогики и психологии (глубинно-ориентированная терапия, символдрама, юнгианский анализ в работе с детьми т. д.). В 2010 году с отличием окончила Московский институт педагогики и психологии. За отличную учёбу была занесена в справочник «Лучшие выпускники Москвы» программы «Российские интеллектуальные ресурсы».

Книги Оксаны интересны и детям, и взрослым. Они содержат не только интересные рассказы, но и полезные упражнения, песенки и стишки для совместного разучивания, практические советы. Её книги — настоящие помощники и интересные собеседники.

Оксана Стази не может сидеть сложа руки — она встречается с читателями, пишет статьи в детские журналы (с некоторыми можно ознакомиться на сайте), занимается благотворительностью, ищет единомышленников. Её девиз — «Вперед и с песней!».

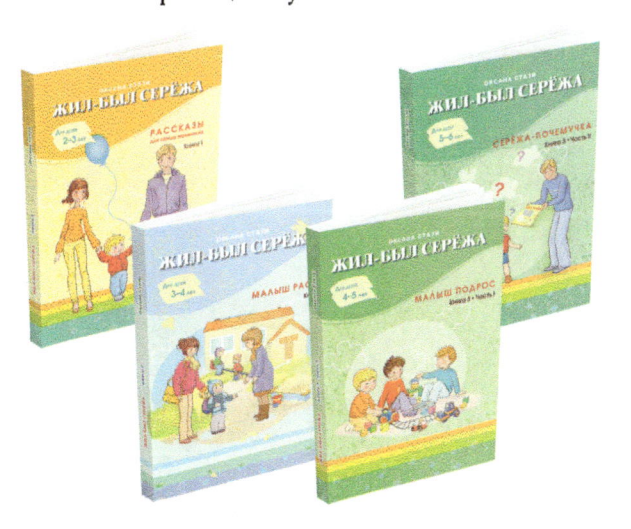

Более подробную информацию ищите на сайте www.stazi.ru

Эти и другие книги автора можно заказать на сайте www.bilingva.ru